POEMAS EN PROSA

EL SPLEEN DE PARÍS

CHARLES BAUDELAIRE

Traducido por
ENRIQUE DIEZ-CANEDO

FV ÉDITIONS

ÍNDICE

POEMAS EN PROSA

CHARLES BAUDELAIRE : EL PRIMER DECADENTE

POR EMILIA PARDO BAZÁN

Baudelaire, 1821-1867

Carlos Baudelaire nació en París, en 1821. Su familia era distinguida y 'acomodada; su padre pertenecía a la generación de Condorcet y Cabanís, cuya amistad cultivó. Muerto el padre, que ya era sesentón cuando nació Carlos, contrajo la madre segundas nupcias con el General Aupick, más tarde Embajador en Constantinopla. Como Carlos no demostraba afición al estudio y sí a la poesía, su familia le envió a viajar, y trató de despertar en él la inclinación al comercio. Recorrió los mares índicos, visitó las islas de Mauricio y Borbón, Madagascar, Ceylán, pero el tráfico siguió siéndole indiferente. Llegado a la mayor edad, y dueño de un caudal mediano, que gastó pronto, se entregó a las letras por completo.

Tenía ya treinta y seis años cuando publicó *Las Flores del mal*, y desde once años antes su correspondencia nos le muestra luchando con la necesidad, obligado a solicitar adelantos y empréstitos de ínfimas sumas, siempre angustiado por sesenta o cien francos más o menos.

Su traducción de las novelas cortas y cuentos de Edgardo Poe, acaso le dio a conocer más que *Las Flores*, a pesar de que estas, como dije, alborotaron el cotarro, y fueron recogidas y perseguidas por la justicia. Otra obra de Baudelaire, *Los paraísos artificiales*, excitó una curiosidad morbosa, siendo causa de que, al ocurrir el fallecimiento del autor, apenas en la edad madura, se creyese que era causada por las drogas venenosas, el opio y el *hatchís*, o esencia de cáñamo indio, suposición que Gautier desmiente, sin negar que Baudelaire hiciese uso de tales excitantes, pero no en proporciones que originasen profundos trastornos. Existía entonces, en el hotel de Pimodan, donde Baudelaire vivió, un círculo de aficionados al éxtasis de las drogas, y Gautier, de los más asiduos, lo describió bajo este título: *El club de los haschichinos*. Fue una efímera manía de literatos buscadores de sensaciones raras; pero Gautier afirma que pocas veces, y sólo como observador, pisó el club Baudelaire. Lo positivo es que sucumbió bastante prematuramente, gastado y semi-paralítico, y se realizó el fatídico anuncio de su *Canto de Otoño*:

> «Il me semble, bercé par ce choc
> monotone,
> qu'on cloue en grande hâte un cercueil
> quelque part...
> Pour qui? -C'était hier l'été; voici
> l'automne...
> Ce bruit mystérieux sonne comme un
> départ...».

Como se ve, en esta biografía no hay sucesos extraordinarios. Lo extraordinario, en Baudelaire, es, en primer término, sus versos; en segundo, sus gustos, manías y temas habituales. Por ambas cosas ejerció, póstumamente, pasado el «otoño», la acción más extensa y penetrante sobre la generación que le sigue, y acaso, en gran parte, sobre la actual.

En primer término, digamos quienes fueron los precursores de este originalísimo poeta. Porque los tuvo, y se le ha echado bastante en cara, a la hora inevitable del regateo; pero quisiera yo saber si hay alguien que nazca de sí propio.

Procede Baudelaire de las *Poesías de José Delorme*, de Sainte Beuve, por los elementos combinados de misticismo y sensualidad. En sus orígenes románticos, y en otras sugestiones muy hondas, de que más adelante hablaré, es un discípulo de Teófilo Gautier, y lo ha proclamado. En cuanto a aquel «estremecimiento nuevo» que Víctor Hugo, con raro acierto crítico, reconocía en los versos de Baudelaire, no cabe duda que, en gran parte, se deriva de Edgardo Poe; sin embargo, es más bien una afinidad natural, anterior a lecturas. Y el tema de los «paraísos artificiales» corresponde a Tomás de Quincey, el célebre «fumador de opio», el singular humorista, que tampoco gozó en vida la fama y popularidad que después de su muerte. Sólo con recordar una de las obras más conocidas de Quincey, *El asesinato considerado como una de las bellas artes*, se advierte el parentesco espiritual entre él y las tendencias que Baudelaire, principalmente, inició.

A pesar de estos afluentes, la originalidad de Baudelaire no sufre menoscabo. Relacionando la biografía con la obra, se observa que Baudelaire, de quien dijo Sainte Beuve que era «corrompido a propósito y con arte» no lo es tanto en la vida; ni pudiera ser, aunque quisiese, el dandy, el sardanápalo, el protagonista de orgías neronianas -porque tuvo siempre, excepto en un corto período, poquísimo dinero, y hubo de trabajar, luchando con la esterilidad y premiosidad que le achaca Lemaître, y ni aun la robustez de los viciosos y de los laboriosos poseyó. Acerca del verdadero modo de ser de Baudelaire, la publicación de su *Correspondencia* ha dado mucha luz.

De ella resalta un carácter delicado en cuestiones de dinero, pues se ve el sufrimiento que le causa tener que pedirlo, generalmente sobre su trabajo; un amor filial, una ternura nunca desmentida hacia una madre que no dejó de darle motivos de queja; un cariño lleno de compasión, un amparo caritativo y con refinamientos de bondad, a la famosa mulata o negra Juana Duval, que fue su querida algunos años, y a quien cantó en sus versos:

«¡Oh vaso de tristeza, oh gran taciturna!»

y a quien no quiso abandonar, como hubiesen hecho muchos, cuando la vio enferma, ciega, paralítica. Pero hay otro hecho que se enlaza íntimamente con la sustancia metafísica de *Las Flores del mal*, y que resalta en la *Correspondencia*; a saber: la constante tendencia católica, el convencimiento de la existencia del diablo y de la doctrina del pecado original, y a última hora, una especie de conversión. No necesitaba Baudelaire cometer tantos excesos como se le atribuyen, ni la mitad siquiera, para ver arruinada su salud, porque, a más de ser hijo de viejo, parece que había en su familia antecedentes de enfermedades nerviosas, y porque, obligado a ganarse la vida con las letras, poco fecundo, extraño para su tiempo, al cual se adelantaba (aunque Sainte Beuve entendía que era lo contrario, que llegaba demasiado tarde, cuando el romanticismo lo había dicho todo, y ambas opiniones tienen su fundamento, y la última se demuestra leyendo el poema *Puesta de sol romántica*), se gastó en tal lucha, y acaso, para sostenerla, recurrió a la excitación del alcohol; sin hablar de cuanto destruyen remedios funestos, como las cápsulas de éter. La leyenda, sin embargo, fue implacable para él; y él, no sólo no se cuidó de desmentirla, sino que se complació en fingir mil extravagancias para exagerarla más. Divertíase amargamente en decir delante de un auditorio de cándidos: «¿Ha probado usted alguna vez sesos de criatura? Son exquisitos...» o «Cuando asesiné a mi pobre padre, y luego me lo comí...». Nunca faltaba quien creyese a pies juntillas. En Bélgica, nos lo dice el mismo Baudelaire, se le tenía por un monstruo; la gente se empujaba para verle, y se quedaba atónita al notar que era frío, cortés, morigerado, que profesaba horror a «los librepensadores y a toda la estupidez moderna». Pero ni aun así se desengañaban, y añade Baudelaire: «nado en la deshonra, como en el agua el pez».

Para entender lo que significan *Las flores del mal*, es preciso partir de que son un libro inspirado, de la cruz a la fecha, en la concepción católica del mundo; la antítesis del espíritu pagano o panteísta de Leconte. No desmienten, o más bien confirman esta aseveración, las *Letanías de Satanás* y otras diablerías poéticas. Creer en el diablo es creer en Dios: así, en este poeta, el arte vuelve al sentimiento católico, más sinceramente, quizás, que en Barbey d'Aurevilly, y no menos que después en Verlaine, aunque por otros caminos.

De este catolicismo, que no puede llamarse latente, sino manifiesto, en *Las Flores del mal*, dan testimonio todos los críticos de altura que se han ocupado de ellas. Bourget encuentra este sentido católico de Baudelaire, en la persistencia de la sensibilidad religiosa, aun expulsada la fe del pensamiento. Lemaître califica el catolicismo de Baudelaire de «impío y sensual», pero declara que en los últimos años de su vida este catolicismo «se le había subido al corazón» inspirándole ideas de perfeccionamiento moral y de conversión y reforma de su vida. France supone que el sadismo de Baudelaire tiene su raíz en ideas cristianas, en el martirio, en el infierno. Spronck reconoce en la obra de Baudelaire la continua presencia de la idea del poder diabólico, del cual existe tan terminante confesión en la *Correspondencia*; y declara que Baudelaire no usaba del catolicismo como artista y retórico; que rimaba como sentía, que para él el demonio era más que un símbolo. Y en cuanto a Barbey d'Aurevilly, en el artículo que consagró a *Las Flores del mal*, se dio cuenta de este su carácter; llamó a Baudelaire «un Rancé al cual la fe le falta», y dijo que después de *Las Flores del mal* no hay sino dos partidos: levantarse la tapa de los sesos o hacerse cristiano. Más adelante dirá que si el Dante vuelve del infierno, Baudelaire va hacia él. En cuanto a Gautier, su convicción es patente; dice que «Baudelaire no soñaba la supresión del infierno ni de la guillotina, para mayor comodidad de pecadores y criminales» que «en todas partes ve la garra del demonio como tentador» «que no cree en la bondad de la naturaleza humana». Nadie mejor que Gautier podía darse cuenta del espíritu de la poesía de Baudelaire, puesto que de Gautier procedían aquellas hondas sugestiones a que antes me referí, siendo la más activa la idea de la muerte y la trágica y horrible hermosura de ciertas formas que la muerte reviste, y que apreció cumplidamente Gautier en su viaje por España. Ya en *La comedia de la muerte*, Gautier describe, bajo las elegancias arquitectónicas y los góticos follajes de las tumbas,

> «au milieu de la fange et de la pourriture,
> dans le suaire usé le cadavre tout droit,
> hideusement verdi, sans rayon de
>   lumière...»

y plantea el problema de Hamleto, exclamando: «acaso la tumba no es un asilo donde sobre dura cabecera se duerme el sueño de la eternidad... Acaso en ella no se reposa...» con todo el macabro ensueño que sigue, y el espantoso idilio de la doncella muerta y el gusano. Sobre todo, en la colección titulada *España*, esta inspiración fúnebre se revela en poemas como *La fuente del cementerio, Pasando por Vergara, En Madrid, Ribera, Dos cuadros de Valdés Leal...*

«un vrai peintre espagnol, catholique et
   féroce,
par la laideur terrible et la souffrance
   atroce,
redoublant dans le coeur de l'homme
   épouvanté
l'angoisse de l'énfer et de l'eternité».

Es acaso la gran influencia que ha sufrido Gautier (a pesar del paganismo, la serenidad y otras zarandajas), con toda la intensidad de su temperamento artístico: Valdés Leal, Zurbarán, los pintores del ascetismo y del cementerio; y se la ha comunicado a Baudelaire, aunque este nunca pusiese los pies en España. La especial vibración estética del *baudelarismo* (perdónese el vocablo), está contenida en la poesía titulada *En Madrid*, de Gautier, donde la linda marquesa, grande de España, enseña al poeta, en su tocador, la degollada testa de San Juan, esculpida por Montañés, pintada admirablemente, «espantosa obra maestra, de una verdad que el verdugo proclamaría» y ensalza la realidad de las tajadas venas, donde perlean todavía gotas de sangre, y hace este panegírico: «con la pupila húmeda, como si tratase de amor». Y si podemos decir que está entero Baudelaire en esa ensangrentada cabeza que una fina mano de mujer acaricia, también habremos de reconocer que está la *Salomé* de Wilde, y *Salambó*, y cien ejemplares de arte moderno, literario, plástico y musical. El gran inspirador, es el pintor de las aterradoras cabezas de mártires y los muertos ya agusanados bajo sus espléndidas vestiduras; de la misteriosa cripta llena de cadáveres que, descompuestos, parecen vivir con vida sobrenatural. *La Carroña*, de Baudelaire, no hará sino transportar a la fauna lo que con la humanidad hizo Valdés Leal y glosó Gautier; y la lección será la misma: la nada de la vida, y la inmortalidad de algo que sobrevive al sepulcro.

Para comprobar esta inspiración española en Baudelaire y

este influjo en su estética, fijémonos en el poemita titulado: *A una Madona, exvoto a estilo español*. La idea es irreverente, puesto que aplica a una mujer amada los atributos de la Virgen, pero esta Virgen es ibérica, es a la vez Dolorosa y Concepción; en su hornacina, con su corona enorme, con la serpiente a sus pies, con su rígido manto bordado y con los siete cuchillos, que para el poeta son los siete pecados capitales, muy afilados, y que, como insensible juglar, quiere hundir en el corazón palpitante y chorreante de la mujer. En nombre del arte han solido condenarse las imágenes vestidas, que yo siempre defendí; el poema *A una Madona* prueba que hay más de una estética, o que la estética nace, no de preceptos, sino de la sensibilidad.

Varias veces, España había conquistado las Galias poéticas, con Corneille, con Lesage, con Víctor Hugo, calificado por Emilio Castelar del poeta español que mejor ha rimado en francés. Con Gautier y Baudelaire, se apodera de las Galias nuestro realismo católico, sombrío y fuerte, penetrado de la presencia del otro mundo, impregnado de lo que determinó la conversión (real o supuesta, si antes era ya muy devoto el que luego fue santo) del Duque de Gandía, un Borgia, que respira la fetidez de la hermosa reina muerta y declara no querer servir a señor que pueda morirse. Acaso sea esta una de las razones porque Baudelaire pareció tan nuevo, aun cuándo Teo le hubiese precedido: porque traía una idea que no era nacional, una idea realmente poética, que tenía que alborotar, no solamente a burgueses y filisteos, sino hasta a críticos de tan altura como Brunetière y Lemaître, haciendo bueno el aforismo de Goethe: «En Francia, el hombre que se atreve a pensar o proceder de un modo distinto del de todo el mundo, necesita heroico valor».

Sin que se pueda achacar a afectación, Baudelaire iba a contrapelo de todos. Recuérdese su comentada apología de lo artificial. Al exponer esta teoría, Baudelaire era fiel a sí mismo. Lo natural le era odioso. De este odio hay huellas en su *Correspondencia*, que no se escribió para publicarse. Se me figura que fue el primero que en la poesía, después de los clásicos y de Shakespeare, trató de amores antinaturales (*Las Mujeres condenadas*). Me apresuro a decir que no defendía causa propia, aunque en esto se le haya calumniado. Era un tema morboso, como el de «la fosforescencia de la podredumbre». Acaso sea el artificialismo protesta de su espíritu cansado, y pudiésemos encontrarle también un predecesor español, el del «blanco y carmín de doña Elvira...». En esto, como en su escepticismo respecto a la bondad natural del hombre, Baudelaire reniega del siglo XVIII, que todo lo arreglaba con «lo natural». «La negación del pecado original -son sus palabras-, contribuyó mucho a la ceguera general de esta época». «La naturaleza -añade- aconseja el parricidio y la antropofagia; no es la naturaleza, es la buena filosofía y la religión lo que nos manda sostener a nuestros padres pobres y enfermos. El crimen es natural, y artificial la virtud».

Y trasponiendo esta teoría a los dominios de lo bello, Baudelaire considera el adorno como señal primitiva de la nobleza del alma humana, y afirma el derecho de la mujer a pintarse y «a dorarse para que la adoren».

El subtítulo que da a muchos de sus poemas define en gran parte la poesía de Baudelaire: «esplín e ideal». Una aspiración dolorosa hacia la pureza, un anhelo místico, unido a una inmensa tristeza y al asco de la vida; un barbotar en el charco del libertinaje, llevando, cual los ciegos de su poema, la cabeza siempre levantada, como si buscase algo en el cielo... este es el constante estado de conciencia de Baudelaire, y todos sus versos lo expresan, y el análisis de una situación que no es nueva, que, mirándolo bien, es la misma de San Agustín antes de que se volviese por completo a Dios, está hecho por Baudelaire con una intensidad y una complejidad artística, con una novedad y realismo que nadie sobrepujará. No concibo que se le haya podido disputar, ni un instante, el dictado de excelso poeta, y de mí sé decir que le tengo por uno de los más fascinadores, con esa fascinación «que poseen los ojos de los retratos», por los cuales nos mira un alma sin cuerpo.

Sus versos son siempre expresión de su íntimo sentir, y en este respecto, nadie más lírico, ni Musset, ni Lamartine, ni Hugo. Su biografía entera puede deducirse de sus versos. La oposición de su familia a que se dedicase a la poesía, la expresa *Bendición*, y *El Albatros* es su breve y ronca queja ante la injusticia del público y la dureza del destino:

> «Ses ailes de géant l'empêchent de
> marcher...».

Sus invocaciones a la musa enferma y a la musa venal, descubren dos vivas llagas de su seno; y en cuanto a la lucha de que antes hablé, entre el libertinaje y el anhelo de purificación y perdón (por no citar otros poemas exquisitos), recordaré *El alba espiritual*, que empieza así:

> «Quand chez les débauchés l'aube
> blanche et vermeille
> entre en société de l'Idéal rongeur,
> par l'opération d'un mystère vengeur
> dans la brute assoupie un ange se
> réveille...».

La idea se diferencia del *tristis post voluptas*, expresión del tedio físico. En Baudelaire, la tristeza del agotamiento nervioso va más lejos: el misterio es *vengador*; no hay que dar cuentas a la naturaleza, sino a *algo* trascendental... Ahí está «el viejo Remordimiento, que vive y se agita como el gusano de la muerte». ¿En qué filtro, en qué verso, en qué tisana ahogarlo? Y ese viejo Remordimiento persiste vigilante, y en el *Examen de media noche* dice al poeta: «¡Has blasfemado de Jesús, el más incontestable de los Dioses; has besado con devoción a la materia estúpida!». Es el avisador, la sierpe amarilla que reside en el corazón de todo hombre digno de tal nombre, y que advierte: «¿Sabes si esta noche vivirás?». Es el ángel que le agarra de los cabellos y le manda amar con caridad, encender su éxtasis en la gloria de Dios. Y el poeta tiene que producir flores cuyo color y forma aprueben los ángeles. Y el poeta deplora la pesadilla de lo divino, el infinito que ve por todas las ventanas; y siente que se le quiebran los brazos a fuerza de abrazar las nubes... ¡Terrible castigo, la conciencia en el mal! ¡Espectáculo aburrido, el del eterno pecado!

En estos rasgos y otros sin cuento que pudieran extraerse de la poesía de Baudelaire, resalta lo que ya sabemos: la constancia de su sentimiento y de su inquietud de católico, antes que impío, pecador. Siempre será más noble un alma que al pecar sufre de negrísima melancolía y remordimiento incurable, que la del vicioso que no cree hacer mal ninguno al encenagarse y al «besar devotamente a la estúpida materia». Y no se concibe que un estado de alma tan natural después de diecinueve siglos de cristianismo, y doblemente artístico que el de un epicúreo, haya sido mal interpretado, se haya calificado de *inmoral*, cuando, lo repito, no pocos santos lo atravesaron, en gloriosa lucha jacobítica, reveladora de la espiritualidad humana, ni que pasase por loco quien no lo era ni por asomos, aunque declarase preferir «los sueños de los locos a los de los sabios», lo cual no ha de sorprender a nadie, ya que cierta locura de ideal es la que hace caminar al mundo... y la única desgracia de este mago fue no ser loco del todo, con la locura de la Cruz.

Hasta de inofensivas manías se tomó pie para sostener la tesis de la locura de Baudelaire. Como bastantes desequilibrados de los nervios, Baudelaire goza a padece de una hiperestesia del sentido del olfato; sus impresiones de olfativas forman parte de su originalidad, y la fragancia exótica de una cabellera de mujer (su Venus negra probablemente) le evoca todos los recuerdos de su viaje a países solares, a islas perezosas, que cubren azules cielos... Siente también Baudelaire la atracción de los gatos, que son animales un tanto enigmáticos, lunares y misteriosos, y los canta, y supone que un gato muy rozagante se le pasea por el cerebro. No hay en todo ello sino nerviosidades que toman poética forma. Si yo hubiese dudado de la sanidad mental de Baudelaire, me desengañaría al leer su *Correspondencia*, que atestigua su normalidad corriente, sin desmentir su histeria, su sadismo (véase el bellísimo poema *La mártir*), su enfermiza excitación. La demencia, científicamente hablando, es cosa asaz distinta, pero hoy todo se arregla con la palabra *locura*, lo mismo en los tribunales que en las letras; allí para absolver, aquí para condenar.

A su hora venía Baudelaire en un tiempo en que ya, para los que saben calar y llegar al fondo, era visible el fracaso del movimiento emancipador del hombre, que aun continúa en el terreno social y político, y que no le puede redimir de las fatalidades de su destino y de la incapacidad para ser dichoso, por mucho que se modifiquen o subviertan las condiciones sociales. La literatura y el arte reflejan necesariamente esta situación especial de nuestra edad, que ha creído dar a la humanidad soluciones, y no le ha dado sino problemas nuevos. «Un espíritu de negación de la vida -escribe bellamente Bourget- oscurece cada día más la civilización occidental. La humanidad, sobrado reflexiva, está cansada de su propio pensamiento y cultiva el amor de la nada».

Y se ha podido, en el alma de Baudelaire, estudiar el caso probablemente más típico y seguramente más poético de este estado moral que se generaliza; que, bajo distintas influencias, no la de Baudelaire tan sólo, tiene que epidemiar a la juventud, cuando al declinar del siglo sea como símbolo del declinar de los ideales antimísticos que profesó. Sin desconocer que a la acción tardía y póstuma de Baudelaire concurrieron muy varios factores, en él, como en un ídolo recargado de anhelos y sacrificios crueles, encarnó el hecho nuevo de la generación que venía: la decadencia.

Emilia Pardo Bazán
in *La literatura francesa moderna. El Naturalismo*, Cap. XI,
Madrid, 1911.

POEMAS EN PROSA

EL EXTRANJERO

-¿A quién quieres más, hombre enigmático, dime, a tu padre, a tu madre, a tu hermana o a tu hermano?

-Ni padre, ni madre, ni hermana, ni hermano tengo.

-¿A tus amigos?

-Empleáis una palabra cuyo sentido, hasta hoy, no he llegado a conocer.

-¿A tu patria?

-Ignoro en qué latitud está situada.

-¿A la belleza?

-Bien la querría, ya que es diosa e inmortal.

-¿Al oro?

-Lo aborrezco lo mismo que aborrecéis vosotros a Dios.

-Pues ¿a quién quieres, extraordinario extranjero?

-Quiero a las nubes..., a las nubes que pasan... por allá.... ¡a las nubes maravillosas!

2
LA DESESPERACIÓN DE LA VIEJA

*L*a viejecilla arrugada sentíase llena de regocijo al ver a la linda criatura festejada por todos, a quien todos querían agradar; aquel lindo ser tan frágil como ella, viejecita, y como ella también sin dientes ni cabellos.

Y se le acercó para hacerle fiestas y gestos agradables.

Pero el niño, espantado, forcejeaba al acariciarlo la pobre mujer decrépita, llenando la casa con sus aullidos.

Entonces la viejecilla se retiró a su soledad eterna, y lloraba en un rincón, diciendo: «¡Ay! Ya pasó para nosotras, hembras viejas, desventuradas, el tiempo de agradar aun a los inocentes; ¡y hasta causamos horror a los niños pequeños cuando vamos a darles cariño!»

EL «YO PECADOR» DEL ARTISTA

¡Cuán penetrante es el final del día en otoño! ¡Ay! ¡Penetrante hasta el dolor! Pues hay en él ciertas sensaciones deliciosas, no por vagas menos intensas; y no hay punta más acerada que la de lo infinito.

¡Delicia grande la de ahogar la mirada en lo inmenso del cielo y del mar! ¡Soledad, silencio, castidad incomparable de lo cerúleo! Una vela chica, temblorosa en el horizonte, imitadora, en su pequeñez y aislamiento, de mi existencia irremediable, melodía monótona de la marejada, todo eso que piensa por mí, o yo por ello -ya que en la grandeza de la divagación el yo presto se pierde-; piensa, digo, pero musical y pintorescamente, sin argucias, sin silogismos, sin deducciones.

Tales pensamientos, no obstante, ya salgan de mí, ya surjan de las cosas, presto cobran demasiada intensidad. La energía en el placer crea malestar y sufrimiento positivo. Mis nervios, harto tirantes, no dan más que vibraciones chillonas, dolorosas.

Y ahora la profundidad del cielo me consterna; me exaspera su limpidez. La insensibilidad del mar, lo inmutable del espectáculo me subleva... ¡Ay! ¿Es fuerza eternamente sufrir, o huir de lo bello eternamente? ¡Naturaleza encantadora, despiadada, rival siempre victoriosa, déjame! ¡No tientes más a mis deseos y a mi orgullo! El estudio de la belleza es un duelo en que el artista da gritos de terror antes de caer vencido.

o huir de lo bello eternamente? ¡Naturaleza encantadora, despiadada, rival siempre victoriosa, déjame! ¡No tientes más a mis deseos y a mi orgullo! El estudio de la belleza es un duelo en que el artista da gritos de terror antes de caer vencido.

4

UN GRACIOSO

Era la explosión del año nuevo: caos de barro y nieve, atravesado por mil carruajes, centelleante de juguetes y de bombones, hormigueante de codicia y desesperación; delirio oficial de una ciudad grande, hecho para perturbar el cerebro del solitario más fuerte.

Entre todo aquel barullo y estruendo trotaba un asno vivamente, arreado por un tipejo que empuñaba el látigo.

Cuando el burro iba a volver la esquina de una acera, un señorito enguantado, charolado, cruelmente acorbatado y aprisionado en un traje nuevo, se inclinó, ceremonioso, ante el humilde animal, y le dijo, quitándose el sombrero: «¡Se lo deseo bueno y feliz!» Volviose después con aire fatuo no sé a qué camaradas suyos, como para rogarles que añadieran aprobación a su contento.

El asno, sin ver al gracioso, siguió corriendo con celo hacia donde le llamaba el deber.

A mí me acometió súbitamente una rabia inconmensurable contra aquel magnífico imbécil, que me pareció concentrar en sí todo el ingenio de Francia.

5

LA ESTANCIA DOBLE

Una estancia parecida a una divagación, una estancia verdaderamente *espiritual*, de atmósfera quieta y teñida levemente de rosa y azul.

Toma en ella el alma un baño de pereza aromado de pesar y de deseo. Es algo crepuscular, azulado, róseo; un ensueño de placer durante un eclipse.

Tienen los muebles formas alargadas, postradas, languidecentes. Tienen los muebles aire de soñar; creeríaselos dotados de vida sonambulesca, como vegetales y minerales. Hablan las telas una lengua muda, como las flores, como los cielos, como las puestas de Sol.

Ninguna abominación artística en las paredes. En relación con el sueño puro, con la impresión no analizada, el arte definido, el arte positivo, es blasfemia. Aquí todo tiene la suficiente claridad, la deliciosa obscuridad de la armonía.

Un olor infinitesimal, exquisitamente elegido, al que se mezcla una levísima humedad, nada en la atmósfera, donde mecen al espíritu adormilado sensaciones de invernadero.

Llueve abundante muselina delante de las ventanas y delante del lecho; derramase en cascadas nivosas. En el lecho está acostado el Ídolo, la soberana de los ensueños. Pero

¿cómo está aquí? ¿Quién la trajo? ¿Qué virtud mágica la instaló en este trono de ensueño y de placer? ¿Qué importa? ¡Ahí está! La reconozco.

Esos son los ojos cuya llama atraviesa el crepúsculo, *miras* sutiles y tremendas que reconozco en su malicia espantosa. Atraen, subyugan, devoran las miradas del imprudente que las contempla. A menudo estudió esas estrellas negras que imponen curiosidad y admiración.

¿A qué demonio benévolo debo hallarme así, rodeado de misterio, de silencio, de paz y de perfumes? ¡Oh beatitud! Lo que solemos llamar vida, aun en su más dichosa expansión, nada tiene de común con la vida suprema, que ahora conozco y saboreo de minuto en minuto, de segundo en segundo.

¡No! ¡Ya no hay minutos, ya no hay segundos! Desapareció el tiempo; reina la Eternidad, una eternidad de delicias.

Pero un golpe terrible, pesado, resonó en la puerta, y, como en sueños infernales, me ha parecido recibir un golpe de azadón en el estómago.

Luego ha entrado un espectro. Es un alguacil que viene a torturarme en nombre de la ley, una infame concubina que viene a dar gritos de miseria y a echar las liviandades de su existencia sobre los dolores de la mía, o el ordenanza de un director de periódico que viene a pedir más original.

La estancia paradisíaca, el ídolo, la soberana de los ensueños, la *Sílfide*, como decía Renato el grande, toda aquella magia desapareció al golpe brutal del espectro.

¡Horror! ¡Ya recuerdo!, ¡ya recuerdo! ¡Sí! Este desván, esta morada del Eterno hastío, es la mía. ¡Estos son los muebles necios, polvorientos, descantillados; la chimenea sin llama y sin ascua, mancillada por los escupitajos; las tristes ventanas llenas de polvo en que trazó surcos la lluvia; los manuscritos llenos de tachones, sin concluir; el calendario en que el lápiz marcó las fechas siniestras!

Y este perfume de otro mundo, del que me embriagué con

sensibilidad perfeccionada, ¡ay!, reemplazado está por un fétido olor a tabaco, mezclado con no sé que nauseabundo moho. Aquí se respira ahora lo rancio de la desolación.

En este mundo estrecho, pero tan henchido de repugnancia, sólo un objeto conocido me sonríe: la ampolla de láudano, vieja y terrible amiga, como todas las amigas; ¡ay!, fecunda en caricias y traiciones.

¡Ah, sí! El tiempo reapareció; el tiempo reina ya como soberano; y con el horrible viejo volvió todo su acompañamiento de recuerdos, pesares, espasmos, miedos, angustias, pesadillas, cóleras y neurosis.

Os aseguro que ahora los segundos están acentuados fuerte y solemnemente; que cada uno al saltar del reloj dice: «¡Soy la Vida, la insoportable, la implacable Vida!»

No hay más que un segundo en la vida humana que tenga por misión el anuncio de una buena nueva, la *buena nueva* que a todos los causa inexplicable miedo.

¡Sí!, el Tiempo reina; ha recobrado la dictadura brutal. Me azuza como a un buey, con su doble aguijón: «¡Arre, borrico! ¡Suda, esclavo! ¡Vive condenado!»

6

CADA CUAL, CON SU QUIMERA

Bajo un amplio cielo gris, en una vasta llanura polvorienta, sin sendas, ni césped, sin un cardo, sin una ortiga, tropecé con muchos hombres que caminaban encorvados.

Llevaba cada cual, a cuestas, una quimera enorme, tan pesada como un saco de harina o de carbón, o la mochila de un soldado de infantería romana.

Pero el monstruoso animal no era un peso inerte; envolvía y oprimía, por el contrario, al hombre, con sus músculos elásticos y poderosos; prendíase con sus dos vastas garras al pecho de su montura, y su cabeza fabulosa dominaba la frente del hombre, como uno de aquellos cascos horribles con que los guerreros antiguos pretendían aumentar el terror de sus enemigos.

Interrogué a uno de aquellos hombres preguntándole adónde iban de aquel modo. Me contestó que ni él ni los demás lo sabían; pero que, sin duda, iban a alguna parte, ya que les impulsaba una necesidad invencible de andar.

Observación curiosa: ninguno de aquellos viajeros parecía irritado contra el furioso animal, colgado de su cuello y pegado a su espalda; hubiérase dicho que lo consideraban como parte de sí mismos. Tantos rostros fatigados y serios, ninguna desesperación mostraban; bajo la capa esplenética del cielo, hundidos los pies en el polvo de un suelo tan desolado como el cielo mismo, caminaban con la faz resignada de los condenados a esperar siempre.

Y el cortejo pasó junto a mí, y se hundió en la atmósfera del horizonte, por el lugar donde la superficie redondeada del planeta se esquiva a la curiosidad del mirar humano.

Me obstiné unos instantes en querer penetrar el misterio; mas pronto la irresistible indiferencia se dejó caer sobre mí, y me quedó más profundamente agobiado que los otros con sus abrumadoras quimeras.

EL LOCO Y LA VENUS

¡Qué admirable día! El vasto parque desmaya ante la mirada abrasadora del Sol, como la juventud bajo el dominio del Amor.

El éxtasis universal de las cosas no se expresa por ruido ninguno; las mismas aguas están como dormidas. Harto diferente de las fiestas humanas, ésta es una orgía silenciosa.

Diríase que una luz siempre en aumento da a las cosas un centelleo cada vez mayor; que las flores excitadas arden en deseos de rivalizar con el azul del cielo por la energía de sus colores, y que el calor, haciendo visibles los perfumes, los levanta hacia el astro como humaredas.

Pero entre el goce universal he visto un ser afligido.

A los pies de una Venus colosal, uno de esos locos artificiales, uno de esos bufones voluntarios que se encargan de hacer reír a los reyes cuando el remordimiento o el hastío los obsesiona, emperejilado con un traje brillante y ridículo, con tocado de cuernos y cascabeles, acurrucado junto al pedestal, levanta los ojos arrasados en lágrimas hacia la inmortal diosa.

Y dicen sus ojos: Soy el último, el más solitario de los seres humanos, privado de amor y de amistad; soy inferior en mucho al animal más imperfecto. Hecho estoy, sin embargo, yo también, para comprender y sentir la inmortal belleza. ¡Ay! ¡Diosa! ¡Tened piedad de mi tristeza y de mi delirio!»

Pero la Venus implacable mira a lo lejos no sé qué con sus ojos de mármol.

8

EL PERRO Y EL FRASCO

Lindo perro mío, buen perro, chucho querido, acércate y ven a respirar un excelente perfume, comprado en la mejor perfumería de la ciudad.

Y el perro, meneando la cola, signo, según creo, que en esos mezquinos seres corresponde a la risa y a la sonrisa, se acerca y pone curioso la húmeda nariz en el frasco destapado; luego, echándose atrás con súbito temor, me ladra, como si me reconviniera.

-¡Ah miserable can! Si te hubiera ofrecido un montón de excrementos los hubieras husmeado con delicia, devorándolos tal vez. Así tú, indigno compañero de mi triste vida, te pareces al público, a quien nunca se ha de ofrecer perfumes delicados que le exasperen, sino basura cuidadosamente elegida.

9

EL MAL VIDRIERO

*H*ay naturalezas puramente contemplativas, impropias totalmente para la acción, que, sin embargo, merced a un impulso misterioso y desconocido, actúan en ocasiones con rapidez de que se hubieran creído incapaces.

El que, temeroso de que el portero le dé una noticia triste, se pasa una hora rondando su puerta sin atreverse a volver a casa; el que conserva quince días una carta sin abrirla o no se resigna hasta pasados seis meses a dar un paso necesario desde un año antes, llegan a sentirse alguna vez precipitados bruscamente a la acción por una fuerza irresistible, como la flecha de un arco. El moralista y el médico, que pretenden saberlo todo, no pueden explicarse de dónde les viene a las almas perezosas y voluptuosas tan súbita y loca energía, y cómo, incapaces de llevar a término lo más sencillo y necesario, hallan en determinado momento un valor de lujo para ejecutar los actos más absurdos y aun los más peligrosos.

Un amigo mío, el más inofensivo soñador que haya existido jamás, prendió una vez fuego a un bosque, para ver, según decía, si el fuego se propagaba con tanta facilidad como suele afirmarse. Diez veces seguidas fracasó el experimento; pero a la undécima hubo de salir demasiado bien.

Otro encenderá un cigarro junto a un barril de pólvora, *para ver, para saber, para tentar al destino*, para forzarse a una prueba de energía, para dárselas de jugador, para conocer los placeres de la ansiedad, por nada, por capricho, por falta de quehacer.

Es una especie de energía que mana del aburrimiento y de la divagación; y aquellos en quien tan francamente se manifiesta suelen ser, como dije, las criaturas más indolentes, las más soñadoras.

Otro, tímido hasta el punto de bajar los ojos aun ante la mirada de los hombres, hasta el punto de tener que echar mano de toda su pobre voluntad para entrar en un café o pasar por la taquilla de un teatro, en que los taquilleros le parecen investidos de una majestad de Minos, Eaco y Radamanto, echará bruscamente los brazos al cuello a un anciano que pase junto a él, y le besará con entusiasmo delante del gentío asombrado...

¿Por qué? ¿Por qué..., porque aquella fisonomía le fue irresistiblemente simpática? Quizá; pero es más legítimo suponer que ni él mismo sabe por qué.

Más de una vez he sido yo víctima de ataques e impulsos semejantes, que nos autorizan a creer que unos demonios maliciosos se nos meten dentro y nos mandan hacer, sin que nos demos cuenta, sus más absurdas voluntades.

Una mañana me levanté desapacible, triste, cansado de ocio y movido, según me parecía, a llevar a cabo algo grande, una acción de brillo. Abrí la ventana. ¡Ay de mí!

(Observad, os lo ruego, que el espíritu de mixtificación, que en ciertas personas no es resultante de trabajo o combinación alguna, sino de inspiración fortuita, participa en mucho, aunque sólo sea por el ardor del deseo, del humor, histérico al decir de los médicos, satánico según los que piensan un poco mejor que los médicos, que nos mueve sin resistencia a multitud de acciones peligrosas e inconvenientes.)

La primera persona que vi en la calle fue un vidriero, cuyo pregón, penetrante, discordante, subió hacia mí a través de la densa y sucia atmósfera parisiense. Imposible me sería, por lo demás, decir por qué me acometió, para con aquel pobre hombre, un odio tan súbito como despótico.

«¡Eh, eh!» -le grité que subiese-. Entretanto reflexionaba, no sin cierta alegría, que, como el cuarto estaba en el sexto piso y la escalera era harto estrecha, el hombre haría su ascensión no sin trabajo y darían más de un tropezón las puntas de su frágil mercancía.

Presentose al cabo: examiné curiosamente todos sus vidrios y le dije: «¿Cómo? ¿No tiene cristales de colores? ¿Cristales rosa, rojos, azules; cristales mágicos, cristales de paraíso? ¿Habrá imprudencia? ¿Y se atreve a pasear por los barrios pobres sin tener siquiera cristales que hagan ver la vida bella? Y le empujé vivamente a la escalera, donde, gruñendo, dio un traspiés.

Me llegué al balcón y me apoderé de una maceta chica, y cuando él salió del portal dejé caer perpendicularmente mi máquina de guerra encima del borde posterior de sus ganchos, y, derribado por el choque, se le acabó de romper bajo las espaldas toda su mezquina mercancía ambulante, con el estallido de un palacio de cristal partido por el rayo.

Y embriagado por mi locura, le grité furioso: «¡La vida bella, la vida bella!»

Tales chanzas nerviosas no dejan de tener peligro y suelen pagarse caras. Pero ¡qué le importa la condenación eterna a quien halló en un segundo lo infinito del goce!

A LA UNA DE LA MAÑANA

¡Solo por fin! Ya no se oye más que el rodar de algunos coches rezagados y derrengados. Por unas horas hemos de poseer el silencio, si no el reposo. ¡Por fin desapareció la tiranía del rostro humano, y ya sólo por mí sufriré!

¡Por fin! Ya se me consiente descansar en un baño de tinieblas. Lo primero, doble vuelta al cerrojo. Me parece que esta vuelta de llave ha de aumentar mi soledad y fortalecer las barricadas que me separan actualmente del mundo.

¡Vida horrible! ¡Ciudad horrible! Recapitulemos el día: ver a varios hombres de letras, uno de los cuales me preguntó si se puede ir a Rusia por vía de tierra -sin duda tomaba por isla a Rusia-; disputar generosamente con el director de una revista, que, a cada objeción, contestaba: «Este es el partido de los hombres honrados»; lo cual implica que los demás periódicos están redactados por bribones; saludar a unas veinte personas, quince de ellas desconocidas; repartir apretones de manos, en igual proporción, sin haber tomado la precaución de comprar unos guantes; subir, para matar el tiempo, durante un chaparrón, a casa de cierta corsetera, que me rogó que le dibujara un traje de *Venustre*; hacer la rosca al director de un teatro, para que, al despedirme, me diga: «Quizá lo acierte dirigiéndose a Z...; es, de todos mis autores, el más pesado, el más tonto y el más célebre; con él podría usted conseguir algo. Háblele, y allá veremos»; alabarme -¿por qué?- de varias acciones feas que jamás cometí y negar cobardemente algunas otras fechorías que llevó a cabo con gozo, delito de fanfarronería, crimen de respetos humanos; negar a un amigo cierto favor fácil y dar una recomendación por escrito a un tunante cabal. ¡Uf! ¿Se acabó?

Descontento de todos, descontento de mí, quisiera rescatarme y cobrar un poco de orgullo en el silencio y en la soledad de la noche. Almas de los que amé, almas de los que canté, fortalecedme, sostenedme, alejad de mí la mentira y los vahos corruptores del mundo; y vos, Señor, Dios mío, concededme la gracia de producir algunos versos buenos, que a mí mismo me prueben que no soy el último de los hombres, que no soy inferior a los que desprecio.

11

LA «MUJER SALVAJE» Y LA QUERIDITA

«*E*n verdad, querida, me molestáis sin tasa y compasión; diríase, al oíros suspirar, que padecéis más que las espigadoras sexagenarias y las viejas pordioseras que van recogiendo mendrugos de pan a las puertas de las tabernas.

Si vuestros suspiros expresaran siquiera remordimiento, algún honor os harían; pero no traducen sino la saciedad del bienestar y el agobio del descanso. Y, además, no cesáis de verteros en palabras inútiles: ¡Quiéreme! ¡Lo necesito «tanto»! ¡Consuélame por aquí, acaríciame por «allá»! Mirad: voy a intentar curaros; quizá por dos sueldos encontremos el modo, en mitad de una fiesta y sin alejarnos mucho.

«Contemplemos bien, os lo ruego, esta sólida jaula de hierro tras de la cual se agita, aullando como un condenado, sacudiendo los barrotes como un orangután exasperado por el destierro, imitando a la perfección ya los brincos circulares del tigre, ya los estúpidos balanceos del oso blanco, ese monstruo hirsuto cuya forma imita asaz vagamente la vuestra.

«Ese monstruo es un animal de aquellos a quienes se suelen llamar «¡ángel mío!», es decir, una mujer. El monstruo aquél, el que grita a voz en cuello, con un garrote en la mano, es su marido. Ha encadenado a su mujer legítima como a un animal, y la va enseñando por las barriadas, los días de feria, con licencia de los magistrados; no faltaba más.

¡Fijaos bien! Veis con qué veracidad -¡acaso no simulada!- destroza conejos vivos y volátiles chillones, que su *cornac* le arroja. «Vaya -dice éste-, no hay que comérselo todo en un día»; y tras las prudentes palabras le arranca cruelmente la presa, dejando un instante prendida la madeja de los desperdicios a los dientes de la bestia feroz, quiero decir de la mujer.

¡Ea!, un palo para calmarla; porque está flechando con ojos terribles de codicia el alimento arrebatado. ¡Dios eterno! El garrote no es garrote de comedia. ¿Oísteis sonar la carne, a pesar de la pelambrera postiza? Por eso ahora se le saltan los ojos de la cabeza y aúlla muy naturalmente. En su rabia, centellea toda, como hierro en el yunque.

¡Tales son las costumbres conyugales de estos dos descendientes de Eva y de Adán, obras de vuestras manos, Dios mío! Incontestablemente, desdichada es esta mujer, aunque, en último término, quizá los goces titilantes de la gloria no lo sean desconocidos. Desdichas más irremediables hay que no tienen compensación. Pero en el mundo adonde la arrojaron, nunca pudo ella pensar que una mujer mereciera otro destino.

¡Hablemos ahora vos y yo, preciosa querida! A la vista de los infiernos que pueblan el mundo, ¿qué he de pensar yo de vuestro lindo infierno, si vos no descansáis más que sobre telas tan suaves como vuestra piel, y sólo coméis carnes cocidas, cuyos pedazos se cuida de trinchar un doméstico hábil?

¿Y qué pueden significar para mí todos esos suspirillos que os hinchan el pecho perfumado, robusta coqueta? ¿Y todas esas afectaciones aprendidas en los libros, y esa infatigable melancolía, hecha para inspirar a los espectadores un sentimiento en todo distinto de la compasión? A la verdad, me entran ganas algunas veces de enseñaros lo que es la verdadera desdicha.

Viéndoos así, hermosa delicada mía, con los pies en el fango, vueltos vaporosamente los ojos al cielo, como para pedirle rey, se os tomara con verosimilitud por una rana joven invocando al ideal. Si despreciáis la viga -lo que yo soy ahora, como sabéis-, cuidado con la grúa *que ha de mascaros, tragaros y mataros a su gusto.*

Por poeta que sea, no soy tan cándido como quisierais creer, y si harto a menudo me cansáis con vuestros *primorosos* lloriqueos, he de trataros como a *mujer salvaje*, o arrojaros por la ventana como botella vacía.»

1 2

LAS MUCHEDUMBRES

No a todos les es dado tomar un baño de multitud; gozar de la muchedumbre es un arte; y sólo puede darse a expensas del género humano un atracón de vitalidad aquel a quien un hada insufló en la cuna el gusto del disfraz y la careta, el odio del domicilio y la pasión del viaje.

Multitud, soledad: términos iguales y convertibles para el poeta activo y fecundo. El que no sabe poblar su soledad, tampoco sabe estar solo en una muchedumbre atareada.

Goza el poeta del incomparable privilegio de poder a su guisa ser él y ser otros. Como las almas errantes en busca de cuerpo, entra cuando quiere en la persona de cada cual. Sólo para él está todo vacante; y si ciertos lugares parecen cerrársele, será que a sus ojos no valen la pena de una visita.

El paseante solitario y pensativo saca una embriaguez singular de esta universal comunión. El que fácilmente se desposa con la muchedumbre, conoce placeres febriles, de que estarán eternamente privados el egoísta, cerrado como un cofre, y el perezoso, interno como un molusco. Adopta por suyas todas las profesiones, todas las alegrías y todas las miserias que las circunstancias le ofrecen.

Lo que llaman amor los hombres es sobrado pequeño,

sobrado restringido y débil, comparado con esta inefable orgía, con esta santa prostitución del alma, que se da toda ella, poesía y caridad, a lo imprevisto que se revela, a lo desconocido que pasa.

Bueno es decir alguna vez a los venturosos de este mundo, aunque sólo sea para humillar un instante su orgullo necio, que hay venturas superiores a la suya, más vastas y más refinadas. Los fundadores de colonias, los pastores de pueblos, los sacerdotes misioneros, desterrados en la externidad del mundo, conocen, sin duda, algo de estas misteriosas embriagueces; y en el seno de la vasta familia que su genio se formó, alguna vez han de reírse de los que les compadecen por su fortuna, tan agitada, y por su vida, tan casta.

13
LAS VIUDAS

Dice Vauvenargues que en los jardines públicos hay paseos frecuentados principalmente por la ambición venida a menos, por los inventores desgraciados, por las glorias abortadas, por los corazones rotos, por todas esas almas temblorosas y cerradas en que rugen todavía los últimos suspiros de una tempestad, que se alejan de la insolente mirada de los satisfechos y de los ociosos. En estos refugios umbríos se dan cita los lisiados por la vida.

A esos lugares, sobre todo, gustan el poeta y el filósofo de dirigir sus ávidas conjeturas. Pasto cierto hay en ellos. Porque si algún paraje desdeñan visitar, es, sobre todo, como insinué hace un momento, la alegría de los ricos. Tal turbulencia en el vacío nada tiene que les atraiga. Por el contrario, siéntense irresistiblemente arrastrados hacia todo lo débil, lo arruinado, lo contristado, lo huérfano.

Una mirada experta nunca se engaña. En esas facciones rígidas o abatidas, en esos ojos hundidos y empañados o brillantes con los últimos fulgores de la lucha, en esas arrugas hondas y múltiples, en ese andar tan lento o tan brusco, al instante descifra las innumerables leyendas del amor engañado, de la abnegación incomprendida, de los esfuerzos sin recompensa, del hambre y del frío soportados humilde y silenciosamente.

¿Visteis alguna vez en esos bancos solitarios viudas pobres? Enlutadas o no, fácil es conocerlas. Además, siempre hay en el luto del pobre algo a faltar, una ausencia de armonía que le infunde mayor desconsuelo. Se ve obligado a escatimar en su dolor. El rico lleva el suyo de bote en bote.

¿Qué viuda es más triste y entristecedora, la que tira de la mano de un niño, con el que no puede compartir su divagación, o la que está sola del todo? No sé... Una vez llegué a seguir durante largas horas a una vieja afligida de tal especie; tiesa, erguida, con un corto chal gastado, llevaba en todo su ser una altanería de estoica.

Estaba evidentemente condenada por una soledad absoluta a los hábitos de un solterón, y el carácter masculino de sus costumbres ponía una sazón misteriosa en su austeridad. No sé en qué café miserable ni de qué manera almorzó. La seguí al gabinete de lectura y la espié mucho tiempo, mientras que buscaba en las gacetas con ojos activos, quemados tiempo atrás por las lágrimas, noticias de interés poderoso y personal.

Al cabo, por la tarde, bajo un cielo de otoño encantador, uno de esos cielos de que bajan en muchedumbre pesares y recuerdos, sentose aparte en un jardín, para escuchar, lejos del gentío, un concierto de esos con que la música de los regimientos regala al pueblo parisiense.

Aquel era, sin duda, el exceso de la vieja inocente -o de la vieja purificada-, el bien ganado consuelo de uno de esos pesados días sin amigo, sin charla, sin alegría, sin confidente, que Dios dejaba caer sobre ella, quizá desde muchos años antes, trescientas sesenta y cinco veces al año.

Otra más:

Nunca pude contener una mirada, si no de universal simpatía, por lo menos curiosa, a la muchedumbre de parias que se apretujan en torno al recinto de un concierto público.

Lanza la orquesta, a través de la noche, cantos de fiesta, de triunfo o de placer. Los vestidos de las mujeres arrastran rebrillando; crúzanse las miradas; los ociosos, cansados de no hacer nada, se balancean, fingen saborear, indolentes, la música. Aquí nada que no sea rico, venturoso; nada que no respire e inspire despreocupación y gozo de dejarse vivir; nada, salvo el aspecto de aquella turba que se apoya allá, en la valla exterior, cogiendo gratis, a merced del viento, un jirón de música y mirando la centelleante hornaza interior.

Siempre ha sido interesante el reflejo de la alegría del rico en el fondo de los ojos del pobre. Pero aquel día, a través del pueblo vestido de blusa y de indiana, vi un ser cuya nobleza formaba llamativo contraste con toda la trivialidad del contorno.

Era una mujer alta, majestuosa y de nobleza tal en todo su porte, que no guardo recuerdo de semejante suya en las colecciones de las aristocráticas bellezas del pasado. Un perfume de altanera virtud emanaba de toda su persona. Su faz, triste y enflaquecida, casaba perfectamente con el luto riguroso de que iba vestida. También, como la plebe con que se había mezclado sin verla, miraba al mundo luminoso con ojos profundos, y, gacha suavemente la cabeza, escuchaba.

¡Visión singular! «De seguro -me dije-, esa pobreza, si hay tal pobreza, no ha de admitir la economía sórdida; una tan noble faz me lo fía. ¿Por qué, pues, permanece voluntariamente en un medio en el que es mancha tan llamativa?»

Pero, al pasar curioso junto a ella, creí adivinar la razón. La viuda alta llevaba de la mano un niño, vestido, como ella, de negro; por módico que fuese el precio de la entrada, bastaba acaso aquel precio para pagar un día las necesidades de la criatura, o, mejor tal vez, una superfluidad, un juguete.

Y se habrá vuelto a su casa a pie, meditando y soñando, sola, porque el niño es travieso, egoísta, no tiene dulzura ni paciencia, y ni siquiera puede, como el puro animal, como el gato y el perro, servir de confidente a los dolores solitarios.

EL VIEJO SALTIMBANQUI

*P*or doquiera se ostentaba, se derramaba, se solazaba el pueblo en holgorio. Era una solemnidad de esas que, con mucha antelación, son esperanza de los saltimbanquis, de los prestidigitadores, de los domadores de bichos y de los vendedores ambulantes, para compensar los malos tiempos del año.

En días así, el pueblo me parece que se olvida de todo, del dolor y del trabajo; se vuelve como los niños. Para los chiquillos es día de asueto, es el horror de la escuela aplazado por veinticuatro horas. Para los mayores es un armisticio concertado con las potencias maléficas de la vida, un alto en la contienda y la lucha universal.

Hasta el hombre de mundo y el hombre dado a trabajos espirituales escapan difícilmente a la influencia del júbilo popular. Absorben sin querer su parte de esa atmósfera de despreocupación. Por lo que a mí toca, no dejo nunca, como buen parisiense, de pasar revista a todas las barracas que se pavonean en esas épocas solemnes.

Hacíanse, en verdad, competencia formidable: chillaban, mugían, aullaban. Era una mezcolanza de gritos, detonaciones de cobre y explosiones de cohetes. Titiriteros y payasos ponían convulsiones en los rasgos de sus rostros atezados y curtidos por el viento, la lluvia y el sol; soltaban, con aplomo de comediantes seguros del efecto, chistes y chuscadas, de una comicidad sólida y densa como la de Molière... Los Hércules, orgullosos de la enormidad de sus miembros, sin frente y sin cráneo, como orangutanes, se hinchaban majestuosamente bajo las mallas lavadas la víspera para la solemnidad. Las bailarinas, hermosas como hadas o princesas, saltaban y hacían cabriolas al fulgor de las linternas, que les llenaba de chispas el faldellín.

No había más que luz, polvo, gritos, gozo, tumulto; gastaban unos, ganaban otros, alegres unos y otros por igual. Colgábanse los niños de la falda de sus madres para conseguir una barra de caramelo, o se subían en hombros de sus padres para ver bien a un escamoteador relumbrante como una divinidad. Y por todas partes circulaba, dominando todos los perfumes, un olor a frito, que era como el incienso de la fiesta.

Al extremo, al último extremo de la fila de barracas, como si, vergonzoso, se hubiera él mismo desterrado de todos aquellos esplendores, vi a un pobre saltimbanqui, encorvado, caduco, decrépito, a la ruina de un hombre, recostado en un poste de su choza; choza más miserable que la del salvaje embrutecido, harto bien iluminada todavía en su desolación por dos cabos de vela corridos y humeantes.

Por dondequiera, gozo, lucro, liviandad; por dondequiera, certidumbre del pan de mañana; por dondequiera, explosión frenética de la vitalidad. Aquí, miseria absoluta, miseria embozada, para colmo de horror, en harapos cómicos, en contraste traído, más que por el arte, por la necesidad. ¡No se reía aquel desgraciado! No lloraba, no bailaba, no gesticulaba, no gritaba, no cantaba ninguna canción, alegre ni lamentable, ni imploraba tampoco. Estaba mudo, inmóvil; había renunciado, abdicado... Su destino estaba cumplido.

Pero, ¡qué mirada profunda, inolvidable, paseaba por el

gentío y las luces, cuyas olas movedizas iban a pararse a pocos pasos de su repulsiva miseria! Sentí que la mano terrible de la histeria me oprimía la garganta, y me pareció que me ofuscaban los ojos lágrimas rebeldes, de las que se niegan a caer.

¿Qué haría yo? ¿Para qué preguntar al infortunado qué curiosidad, qué maravilla podría enseñar en aquellas tinieblas malolientes, detrás de la cortina desgarrada? No me atrevía, a la verdad; y aunque la razón de mi timidez haya de moveros a risa, confesaré que temí humillarle. Acababa por fin de resolverme a dejar al paso algún dinero en una tabla de aquéllas, esperando que adivinara mi intento, cuando un gran reflujo de gente, causado no sé por qué perturbación, hubo do arrastrarme lejos de allí.

Y al marcharme, obsesionado por aquella visión, traté de analizar mi dolor súbito, y me dije: ¡Acabo de ver la imagen del literato viejo, superviviente de la generación de que fue entretenimiento brillante; del poeta viejo sin amigos, sin familia, sin hijos, degradado por la miseria y por la ingratitud pública, en la barraca donde no quiere entrar ya la gente olvidadiza!

15

EL PASTEL

iajaba. El paisaje en medio del cual me había colocado tenía grandeza y nobleza irresistibles. Algo de ellas se comunicó sin duda en aquel momento a mi alma. Revoloteaban mis pensamientos con ligereza igual a la de la atmósfera; las pasiones vulgares, como el odio y el amor profano, aparecíanseme ya tan alejadas como las nubes que desfilaban por el fondo de los abismos, a mis pies; mi alma parecíame tan vasta y pura como la cúpula del cielo que me envolvía; el recuerdo de las cosas terrenales no llegaba a mi corazón sino debilitado y disminuido, como el son de la esquila de los rebaños imperceptibles que pasan lejos, muy lejos, por la vertiente de otra montaña. Sobre el lago pequeño, inmóvil, negro por su inmensa profundidad, pasaba de vez en cuando la sombra de una nube, como el reflejo de la capa de un gigante aéreo que volara cruzando el cielo. Y recuerdo que aquella sensación solemne y rara, causada por un gran movimiento perfectamente silencioso, me llenaba de una alegría mezclada con miedo. En suma, que me sentía, gracias a la embriagadora belleza que me rodeaba, en paz perfecta conmigo mismo y con el universo; y aun sospecho que en mi perfecta beatitud y en mi total olvido de todo el mal terrestre, había llegado a no encontrar tan ridículos a los periódicos que pretenden que el hombre nació bueno, cuando, renovadas las exigencias de la materia implacable, pensé en reparar la fatiga y en aliviar el apetito despierto por tan larga ascensión. Saqué del bolsillo un buen pedazo de pan, una taza de cuero y un frasco de cierto elixir que los farmacéuticos de aquellos tiempos solían vender a los turistas, para mezclarlo, llegada la ocasión, con agua de nieve.

Partía tranquilamente el pan, cuando un ruido muy leve me hizo levantar los ojos. Ante mí estaba una criaturilla desharrapada, negra, desgreñada, cuyos ojos hundidos, fríos y suplicantes, devoraban el pedazo de pan. Y le oí suspirar en voz baja y ronca la palabra *¡pastel!* No pude contener la risa al oír el apelativo con que se dignaba honrar a mi pan casi blanco. Cortó una buena rebanada y se la ofrecí. Acercose lentamente, sin quitar los ojos del objeto de su codicia; luego, echando mano al pedazo, retrocedió vivamente, como si hubiese temido que mi oferta no fuese sincera, o que me fuese a volver atrás.

Pero en el mismo instante le derribó otro chiquillo salvaje, que no sé de dónde salía, tan perfectamente semejante al primero, que se le hubiera podido tomar por hermano gemelo suyo. Juntos rodaron por el suelo, disputándose la preciada presa, sin que ninguno de ellos quisiera, indudablemente, sacrificar la mitad a su hermano. Exasperado el primero, agarró del pelo al segundo; cogiole éste una oreja entro los dientes, y escupió un pedacito ensangrentado, con un soberbio reniego dialectal. El propietario legítimo del pastel trató de hundir las menudas garras en los ojos del usurpador; éste, a su vez, aplicó todas sus fuerzas a estrangular al adversario con una mano, mientras que con la otra intentaba meterse en el bolsillo el galardón del combate. Pero, reanimado por la desesperación, levantose el vencido y echó a rodar por el suelo al vencedor de un cabezazo en el estómago. ¿Para qué describir una lucha horrorosa, que duró, en verdad, más tiempo del que parecían prometer las fuerzas infantiles? Viajaba el pastel de mano en mano y cambiaba a cada momento de bolsillo; pero, ¡ay!, iba cambiando también de volumen; y cuando, por fin, extenuados, jadeantes, ensangrentados, paráronse, en la imposibilidad de seguir, no quedaba, a decir verdad, motivo ninguno de batalla; el pedazo de pan había desaparecido y estaba desparramado en migajas, semejantes a los granos de arena con que se mezclaban.

Tal espectáculo había llenado de bruma el paisaje, y el gozo tranquilo en que se solazaba mi alma, antes de haber visto a los hombrecillos, había desaparecido por entero; me quedé mucho tiempo triste, repitiéndome sin cesar: ¡Conque hay un país soberbio en que al pan le llaman *pastel*, golosina tan rara que basta para engendrar una guerra perfectamente fratricida!»

16

EL RELOJ

Los chinos ven la hora en los ojos de los gatos. Cierto día, un misionero que se paseaba por un arrabal de Nankin advirtió que se le había olvidado el reloj, y le preguntó a un chiquillo qué hora era.

El chicuelo del Celeste Imperio vaciló al pronto; luego, volviendo sobre sí, contestó: «Voy a decírselo.» Pocos instantes después presentose de nuevo, trayendo un gatazo, y mirándole, como suele decirse, a lo blanco de los ojos, afirmó, sin titubear: «Todavía no son las doce en punto.» Y así era en verdad.

Yo, si me inclino hacia la hermosa felina, la bien nombrada, que es a un tiempo mismo honor de su sexo, orgullo de mi corazón y perfume de mi espíritu, ya sea de noche, ya de día, en luz o en sombra opaca, en el fondo de sus ojos adorables veo siempre con claridad la hora, siempre la misma, una hora vasta, solemne, grande como el espacio, sin división de minutos ni segundos, una hora inmóvil que no está marcada en los relojes, y es, sin embargo, leve como un suspiro, rápida como una ojeada.

Si algún importuno viniera a molestarme mientras la mirada mía reposa en tan deliciosa esfera; si algún genio malo e intolerante, si algún Demonio del contratiempo viniese a decirme: «¿Qué miras con tal cuidado? ¿Qué buscas en los ojos de esa criatura? ¿Ves en ellos la hora, mortal pródigo y holgazán?» Yo, sin vacilar, contestaría: «Sí; veo en ellos la hora. ¡Es la Eternidad!»

¿Verdad, señora, que éste es un madrigal ciertamente meritorio y tan enfático como vos misma? Por de contado, tanto placer tuve en bordar esta galantería presuntuosa, que nada, en cambio, he de pediros.

17
UN HEMISFERIO EN UNA CABELLERA

*D*éjame respirar mucho tiempo, mucho tiempo, el olor de tus cabellos; sumergir en ellos el rostro, como hombre sediento en agua de manantial, y agitarlos con mi mano, como pañuelo odorífero, para sacudir recuerdos al aire.

¡Si pudieras saber todo lo que veo! ¡Todo lo que siento! ¡Todo lo que oigo en tus cabellos! Mi alma viaja en el perfume como el alma de los demás hombres en la música.

Tus cabellos contienen todo un ensueño, lleno de velámenes y de mástiles; contienen vastos mares, cuyos monzones me llevan a climas de encanto, en que el espacio es más azul y más profundo, en que la atmósfera está perfumada por los frutos, por las hojas y por la piel humana.

En el océano de tu cabellera entreveo un puerto en que pululan cantares melancólicos, hombres vigorosos de toda nación y navíos de toda forma, que recortan sus arquitecturas finas y complicadas en un cielo inmenso en que se repantiga el eterno calor.

En las caricias de tu cabellera vuelvo a encontrar las languideces de las largas horas pasadas en un diván, en la cámara de un hermoso navío, mecidas por el balanceo imperceptible del puerto, entre macetas y jarros refrescantes.

En el ardiente hogar de tu cabellera respiro el olor del tabaco mezclado con opio y azúcar; en la noche de tu cabellera veo resplandecer lo infinito del azul tropical; en las orillas vellosas de tu cabellera me emborracho con los olores combinados del algodón, del almizcle y del aceite de coco.

Déjame morder mucho tiempo tus trenzas, pesadas y negras. Cuando mordisqueo tus cabellos elásticos y rebeldes, me parece que como recuerdos.

18

LA INVITACIÓN AL VIAJE

Hay un país soberbio, un país de Jauja -dicen-, que sueño visitar con una antigua amiga. País singular, anegado en las brumas de nuestro Norte, y al que se pudiera llamar el Oriente de Occidente, la China de Europa: tanta carrera ha tomado en él la cálida y caprichosa fantasía; tanto la ilustró paciente y tenazmente con sus sabrosas y delicadas vegetaciones.

Un verdadero país de Jauja, en el que todo es bello, rico, tranquilo, honrado; en que el lujo se refleja a placer en el orden; en que la vida es crasa y suave de respirar; de donde están excluídos el desorden, la turbulencia y lo improvisto; en que la felicidad se desposó con el silencio; en que hasta la cocina es poética, pingüe y excitante; en que todo se te parece, ángel mío.

¿Conoces la enfermedad febril que se adueña de nosotros en las frías miserias, la ignorada nostalgia de la tierra, la angustia de la curiosidad? Un país hay que se te parece, en que todo es bello, rico, tranquilo y honrado, en que la fantasía edificó y decoró una China occidental, en que la vida es suave de respirar, en que la felicidad se desposó con el silencio. ¡Allí hay que irse a vivir, allí es donde hay que morir!

Sí, allí hay que irse a respirar, a soñar, a alargar las horas en lo infinito de las sensaciones. Un músico ha escrito la *Invitación al vals*; ¿quién será el que componga la *invitación al viaje* que pueda ofrecerse a la mujer amada, a la hermana de elección?

Sí, en aquella atmósfera daría gusto vivir; allá, donde las horas más lentas contienen más pensamientos, donde los relojes hacen sonar la dicha con más profunda y más significativa solemnidad.

En tableros relucientes o en cueros dorados con riqueza sombría, viven discretamente unas pinturas beatas, tranquilas y profundas, como las almas de los artistas que las crearon. Las puestas del Sol, que tan ricamente colorean el comedor o la sala, tamizadas están por bellas estofas o por esos altos ventanales labrados que el plomo divide en numerosos compartimientos. Vastos, curiosos, raros son los muebles, armados de cerraduras y de secretos, como almas refinadas. Espejos, metales, telas, orfebrería, loza, conciertan allí para los ojos una sinfonía muda y misteriosa; y de todo, de cada rincón, de las rajas de los cajones y de los pliegues de las telas se escapa un singular perfume, un *vuélvete* de Sumatra, que es como el alma de la vivienda.

Un verdadero país de Jauja, te digo, donde todo es rico, limpio y reluciente como una buena conciencia, como una magnífica batería de cocina, como una orfebrería espléndida, como una joyería policromada. Allí afluyen los tesoros del mundo, como a la casa de un hombre laborioso que mereció bien del mundo entero. País singular, superior a los otros, como lo es el Arte a la Naturaleza, en que ésta se reforma por el ensueño, en que está corregida, hermoseada, refundida.

¡Busquen, sigan buscando, alejen sin cesar los límites de su felicidad esos alquimistas de la horticultura! ¡Propongan premios de sesenta y de cien mil florines para quien resolviere sus ambiciosos problemas! ¡Yo ya encontró mi *tulipán negro y mi dalia azul*!

Flor incomparable, tulipán hallado de nuevo, alegórica dalia, allí, a aquel hermoso país tan tranquilo, tan soñador, es adonde habría que irse a vivir y a florecer, ¿no es verdad? ¿No te encontrarías allí con tu analogía por marco y no podrías mirarte, para hablar, como los místicos, en tu propia *correspondencia*?

¡Sueños! ¡Siempre sueños!, y cuanto más ambiciosa y delicada es el alma tanto más la alejan de lo posible los sueños. Cada hombre lleva en sí su dosis de opio natural, incesantemente segregada y renovada, y, del nacer al morir, ¿cuántas horas contamos llenas del goce positivo, de la acción bien lograda y decidida? ¿Viviremos jamás, estaremos jamás en ese cuadro que te pintó mi espíritu, en ese cuadro que se te parece?

Estos tesoros, estos muebles, este lujo, este orden, estos perfumes, estas flores milagrosas son tú. Son tú también estos grandes ríos, estos canales tranquilos. Los enormes navíos que arrastran, cargados todos de riquezas, de los que salen los cantos monótonos de la maniobra, son mis pensamientos, que duermen o ruedan sobre tu seno. Tú los guías dulcemente hacia el mar, que es lo infinito, mientras reflejas las profundidades del cielo en la limpidez de tu alma hermosa; y cuando, rendidos por la marejada y hastiados de los productos de Oriente, vuelven al puerto natal, son también mis pensamientos, que tornan, enriquecidos de lo infinito, hacia ti.

19

EL JUGUETE DEL POBRE

Quiero dar idea de una diversión inocente. ¡Hay tan pocos entretenimientos que no sean culpables!

Cuando salgáis por la mañana con decidida intención de vagar por la carretera, llenaos los bolsillos de esos menudos inventos de a dos cuartos, tales como el polichinela sin relieve, movido por un hilo no más; los herreros que martillan sobre el yunque; el jinete de un caballo, que tiene un silbato por cola; y por delante de las tabernas, al pie de los árboles, regaládselos a los chicuelos desconocidos y pobres que encontréis. Veréis cómo se les agrandan desmesuradamente los ojos. Al principio no se atreverán a tomarlos, dudosos de su ventura. Luego, sus manos agarrarán vivamente el regalo, y echarán a correr como los gatos que van a comerse lejos la tajada que les disteis, porque han aprendido a desconfiar del hombre.

En una carretera, detrás de la verja de un vasto jardín, al extremo del cual aparecía la blancura de un lindo castillo herido por el sol, estaba en pie un niño, guapo y fresco, vestido con uno de esos trajes de campo, tan llenos de coquetería.

El lujo, la despreocupación, el espectáculo habitual de la

riqueza, hacen tan guapos a esos chicos, que se les creyera formados de otra pasta que los hijos de la mediocridad o de la pobreza.

A su lado, yacía en la hierba un juguete espléndido, tan nuevo como su amo, brillante, dorado, vestido con traje de púrpura y cubierto de penachos y cuentas de vidrio. Pero el niño no se ocupaba de su juguete predilecto, y ved lo que estaba mirando:

Del lado de allá de la verja, en la carretera, entre cardos y ortigas, había otro chico, sucio, desmedrado, fuliginoso, uno de esos chiquillos parias, cuya hermosura descubrirían ojos imparciales, si, como los ojos de un aficionado adivinan una pintura ideal bajo un barniz de coche, lo limpiaran de la repugnante pátina de la miseria.

A través de los barrotes simbólicos que separaban dos mundos, la carretera y el castillo, el niño pobre enseñaba al niño rico su propio juguete, y éste lo examinaba con avidez, como objeto raro y desconocido. Y aquel juguete que el desharrapado hostigaba, agitaba y sacudía en una jaula, era un ratón vivo. Los padres, por economía, sin duda, habían sacado el juguete de la vida misma.

Y los dos niños se reían de uno a otro, fraternalmente, con dientes de igual blancura.

20
LOS DONES DE LAS HADAS

Había gran asamblea de hadas para proceder al reparto de dones entre todos los recién nacidos llegados a la vida en las últimas veinticuatro horas.

Todas aquellas antiguas y caprichosas hermanas del Destino; todas aquellas madres raras del gozo y del dolor, eran muy diferentes: tenían unas aspecto sombrío y ceñudo; otras, aspecto alocado y malicioso; unas, jóvenes que habían sido siempre jóvenes; otras, viejas que habían sido siempre viejas.

Todos los padres que tienen fe en las hadas habían acudido, llevando cada cual a su recién nacido en brazos.

Los dones, las facultades, los buenos azares, las circunstancias invencibles habíanse acumulado junto al tribunal, como los premios en el estrado para su reparto. Lo que en ello había de particular era que los dones no servían de recompensa a un esfuerzo, sino, por el contrario, eran una gracia concedida al que no había vivido aún, gracia capaz de determinar su destino y convertirse lo mismo en fuente de su desgracia que de su felicidad.

Las pobres hadas estaban ocupadísimas, porque la multitud de solicitantes era grande, y la gente intermediaria puesta entre el hombre y Dios está sometida, como nosotros, a la terrible ley del tiempo y de su infinita posteridad, los días, las horas, los minutos y los segundos.

En verdad, estaban tan azoradas como ministros en día de audiencia o como empleados del Monte de Piedad cuando una fiesta nacional autoriza los desempeños gratuitos. Hasta creo que miraban de tiempo en tiempo la manecilla del reloj con tanta impaciencia como jueces humanos que, en sesión desde por la mañana, no pueden por menos de soñar con la hora de comer, con la familia y con sus zapatillas adoradas. Si en la justicia sobrenatural hay algo de precipitación y de azar, no nos asombremos de que ocurra lo mismo alguna vez en la justicia humana. Seríamos nosotros, en tal caso, jueces injustos.

También se cometieron aquel día ciertas ligerezas que podrían llamarse raras si la prudencia, más que el capricho, fuese carácter distintivo y eterno de las hadas.

Así, el poder de atraer mágicamente a la fortuna se adjudicó al único heredero de una familia riquísima, que, por no estar dotada de ningún sentido de caridad y tampoco de codicia ninguna por los bienes más visibles de la vida, habían de verse más adelante prodigiosamente enredados entre sus millones.

Así, se dio el amor a la Belleza y a la Fuerza poética al hijo de un sombrío pobretón, cantero de oficio, que de ninguna manera pedía favorecer las disposiciones ni aliviar las necesidades de su deplorable progenitura.

Se me olvidaba deciros que el reparto, en casos tan solemnes, es sin apelación, y que no hay don que pueda rehusarse.

Levantábanse todas las hadas, creyendo cumplida su faena, porque ya no quedaba regalo ninguno, largueza ninguna que echar a toda aquella morralla humana, cuando un buen hombre, un pobre comerciantillo, según creo, se levantó, y cogiendo del vestido de vapores multicolores al hada que más cerca tenía, exclamó:

«¡Eh! ¡Señora! ¡Que nos olvida! Todavía falta mi chico. No quiero haber venido en balde.»

El hada podía verse en un aprieto, porque *nada* quedaba ya. Acordose a tiempo, sin embargo, de una ley muy conocida, aunque rara vez aplicada, en el mundo sobrenatural habitado por aquellas deidades impalpables amigas del hombre y obligadas con frecuencia a doblegarse a sus pasiones, tales como las hadas, gnomos, las salamandras, las sílfides, los silfos, las nixas, los ondinos y las ondinas -quiero decir de la ley que concede a las hadas, en casos semejantes, o sea en el caso de haberse agotado los lotes, la facultad de conceder otro, suplementario y excepcional, siempre que tenga imaginación bastante para crearlo de repente.

Así, pues, la buena hada contestó, con aplomo digno de su rango: «¡Doy a tu hijo..., le doy... el *don de agradar*!»

«Pero, ¿agradar cómo? ¿Agradar?... ¿Agradar por qué?» -preguntó tenazmente el tenderillo, que sin duda sería uno de esos razonadores tan abundantes, incapaz de levantarse hasta la lógica de lo absurdo.

«¡Porque sí! ¡Porque sí!» -replicó el hada colérica, volviéndole la espalda; y al incorporarse al cortejo de sus compañeras, les iba diciendo-: «¿Qué os parece ese francesito vanidoso, que quiere entenderlo todo, y que, encima de lograr para su hijo el don mejor, aun se atreve a preguntar y a discutir lo indiscutible?»

21

LAS TENTACIONES, O EROS, PLUTO Y LA GLORIA

Dos satanes y una diablesa, no menos extraordinaria, subieron la pasada noche por la escalera misteriosa con que el infierno asalta la flaqueza del hombre dormido y se comunica en secreto con él. Y vinieron a colocarse gloriosamente delante de mí, en pie, como sobre un estrado. Un esplendor sulfúreo emanaba de los tres personajes, que resaltaban así en el fondo opaco de la noche. Tenían aspecto tan altivo y dominante, que al pronto los tomé a los tres por verdaderos dioses.

La cara del primer Satán era de sexo ambiguo, y había también, en las líneas de su cuerpo, la malicia de los antiguos Bacos. Sus bellos ojos lánguidos, de color tenebroso e indeciso, parecían violetas cargadas aún de las densas lágrimas de la tempestad, y sus labios, entreabiertos, pebeteros cálidos, de los que se exhalaba un bienoliente perfume; y cada vez que suspiraba, insectos almizclados iluminábanse en revoloteo al ardor de su hálito.

Arrollábase a su túnica de púrpura, a manera de cinturón, una serpiente de tonos cambiantes que, levantando la cabeza, volvía languideciente hacia él los ojos de brasa. De ese vivo cinturón colgaban, alternados con ampollas colmadas de licores siniestros, cuchillos brillantes o instrumentos de cirugía. Tenía en la mano derecha otra ampolla, cuyo contenido era de un rojo luminoso, con estas raras palabras por etiqueta: «Bebed; esta es mi sangre, cordial perfecto»; en la izquierda, un violín, que le servía, sin duda, para cantar sus placeres y sus dolores y para extender el contagio de su locura en noches de aquelarre.

Arrastraban de sus tobillos delicados varios eslabones de una cadena de oro rota, y cuando la molestia que le producía le obligaba a bajar los ojos al suelo, contemplaba vanidoso las uñas de sus pies, brillantes y pulidas como bien labradas piedras.

Me miró con ojos de inconsolable desconsuelo, que vertían embriaguez insidiosa, y me dijo con voz de encanto: «Si quieres, si quieres, te haré señor de las almas, y serás dueño de la materia viva, más que el escultor pueda serlo del barro, y conocerás el placer, sin cesar renaciente, de salir de ti mismo para olvidarte en los otros y de atraer las almas hasta confundirlas con la tuya.»

Y yo le contesté: «¡Mucho te lo agradezco! De nada me sirve esa pacotilla de seres que no valen sin duda más que mi pobre yo. Aunque algo me avergüence el recuerdo, nada puedo olvidar; y si no te hubiese conocido, viejo monstruo, tus cuchillos misteriosos, tus ampollas equívocas, las cadenas que te traban los pies, son símbolos que explican con claridad bastante los inconvenientes de tu amistad. Guárdate tus regalos.»

El segundo Satán no tenía el aspecto a la vez trágico y sonriente, ni las buenas maneras insinuantes, ni la belleza delicada y perfumada del otro. Era un hombre basto, de rostro grueso y sin ojos, cuya pesada panza se desplomaba sobre sus muslos, cuya piel estaba toda dorada e ilustrada, como por un tatuaje, con multitud de figurillas movedizas, que representaban las formas múltiples de la miseria universal Había hombrecillos macilentos que se colgaban voluntariamente de un clavo; había gnomos chicos y deformes, flacos, que pedían limosna más con los ojos suplicantes que con las manos trémulas, y también madres viejas con abortos agarrados a las tetas extenuadas, y otros muchos más había.

El gordo Satán se golpeaba con el puño la inmensa panza, de donde salía entonces un largo y resonante tintineo de metal, que terminaba en un vago gemido hecho de numerosas voces humanas. Y se reía, mostrando impúdico los dientes estropeados, con enorme risa imbécil, como ciertos hombres de todos los países cuando han comido demasiado bien.

Y éste me dijo: «Puedo darte lo que todo lo consigue, lo que vale por todo, lo que a todo reemplaza!» Y se golpeó el vientre monstruo, cuyo eco sonante sirvió de comentario a las palabras groseras.

Me volví con repugnancia y contesté: «No necesito, para mi goce, la miseria de nadie; y no quiero riqueza entristecida, como papel de habitaciones, por todas las desdichas representadas en tu piel.»

Por lo que toca a la diablesa, mentiría yo si no confesara que a primera vista hallé raro encanto en ella. Para definir tal encanto no lo podría comparar a nada mejor que al de las bellísimas mujeres maduras, que, sin embargo, ya no envejecen, y cuya hermosura conserva la magia penetrante de las ruinas. Tenía a la vez aspecto imperioso y desmadejado, y sus ojos, a pesar del cansancio, conservaban fuerza fascinadora. Lo que más me llamó la atención fue el misterio de su voz, en la que encontraba el recuerdo de las contraltos más deliciosas y un poco también de la ronquera de las gargantas lavadas sin cesar por el aguardiente.

«¿Quieres conocer mi poderío? -dijo la falsa diosa con su voz encantadora y paradójica-. Escucha.»

Y se llevó a los labios una trompeta gigantesca y llena de cintas como un mirlitón, con los títulos de todos los periódicos del universo, y a través de la trompeta gritó mi nombre, que rodó así por el espacio con el ruido de cien mil truenos, y volvió a mí repercutido por el eco más lejano del planeta.

«¡Diablo -salté, casi subyugado-, eso es bonito!» Pero al examinar más atentamente al marimacho seductor me pareció reconocerla vagamente, por haberla visto brincar con algunos pilletes conocidos míos; y el ronco sonar del cobre me trajo a los oídos no sé qué recuerdo de trompeta prostituida.

Por eso respondí, con todo mi desdén: «¡Vete! ¡No estoy guisado para casarme con la querida de algunos que no quiero nombrar!»

Tenía yo derecho, ciertamente, a estar orgulloso de tan valerosa abnegación. Mas, por desgracia, me despertó y todas mis fuerzas me abandonaron. «En verdad -me dije-, muy aletargado tenía que estar para mostrar tales escrúpulos. ¡Ay! ¡Si pudiesen volver cuando estoy despierto, no me las daría de tan delicado!»

Y los invoqué en alta voz, suplicándoles que me perdonaran, ofreciéndoles que me deshonraría lo más a menudo que fuese necesario para merecer sus favores; pero les había ofendido gravemente, sin duda, porque no han vuelto jamás.

EL CREPÚSCULO DE LA NOCHE

*V*a cayendo el día. Una gran paz llena las pobres mentes, cansadas del trabajo diario, y sus pensamientos toman ya los colores tiernos o indecisos del crepúsculo.

Sin embargo, desde la cima de la montaña llega hasta mi balcón, a través de las nubes transparentes del atardecer, un gran aullido, compuesto de una multitud de gritos discordes que el espacio transforma en lúgubre armonía, como de marea ascendente o de tempestad que empieza.

¿Quiénes son los infortunados a quien la tarde no calma, y toman, como los búhos, la llegada de la noche por señal de aquelarre? Este siniestro ulular nos llega del negro hospital encaramado en la montaña, y al atardecer, fumando y contemplando el reposo del valle inmenso erizado de casas en que cada ventana nos dice: «¡Aquí está la paz ahora; aquí está la alegría de la familia!», puedo, cuando el viento sopla de arriba, mecer mi pensamiento, asombrado en esa imitación de las armonías infernales.

El crepúsculo excita a los locos. Recuerdo que tuve dos amigos a quien el crepúsculo ponía malos. Uno, desconociendo entonces toda relación de amistad y cortesía, maltrataba como un salvaje al primero que llegaba. Le he visto tirar a la cabeza de un camarero un pollo excelente, porque se imaginó ver en él no sé que jeroglífico insultante. El atardecer, premisor de los goces profundos, le echaba a perder lo más suculento.

El otro, ambicioso herido, se iba volviendo, conforme bajaba la luz, más agrio, más sombrío, más reacio. Indulgente y sociable durante el día, era despiadado de noche; y no sólo con los demás, sino consigo mismo esgrimía rabiosamente su manía crepuscular.

El primero murió loco, incapaz de reconocer a su mujer y a su hijo; el segundo lleva en sí la inquietud de un malestar perpetuo, y aunque le gratificaran con todos los honores que pueden conferir repúblicas y príncipes, creo que el crepúsculo encendería en él aun el ansia abrasadora de distinciones imaginarias. La noche, que ponía tinieblas en su mente, trae luz a la mía; y, aunque no sea raro ver a la misma causa engendrar dos efectos contrarios, ello me tiene siempre lleno de intriga y de alarma.

¡Oh noche! ¡Oh refrescantes tinieblas! ¡Sois para mí señal de fiesta interior, sois liberación de una angustia! ¡En la soledad de las llanuras, en los laberintos pedregosos de una capital, centelleo de estrellas, explosión de linternas, sois el fuego de artificio de la diosa Libertad!

¡Crepúsculo, cuán dulce y tierno eres! Los resplandores sonrosados que se arrastran aún por el horizonte, como agonizar del día bajo la opresión victoriosa de su noche, las almas de los candelabros que ponen manchas de un rojo opaco en las últimas glorias del Poniente, los pesados cortinajes que corro una mano invisible de las profundidades del Oriente, inician todos los sentimientos complicados que luchan dentro del corazón del hombre en las horas solemnes de la vida.

Tomaríasele también por uno de esos raros trajes de bailarina en que la gasa transparente y sombría deja entrever los esplendores amortiguados de una falda brillante, como bajo el negro presente se trasluce el delicioso pasado, y las estrellas vacilantes de oro y de plata que la salpican representan esas luces de la fantasía que no se encienden bien sino en el luto profundo de la Noche.

23

LA SOLEDAD

Un gacetillero filántropo me dice que la soledad es mala para el hombre; y en apoyo de su tesis cita, como todos los incrédulos, palabras de los padres de la Iglesia.

Sé que el Demonio frecuenta gustoso los lugares áridos, y que el espíritu del asesinato y de la lubricidad se inflama maravillosamente en las soledades. Pero sería posible que esta soledad sólo fuese peligrosa para el alma ociosa y divagadora, que la puebla con sus pasiones y con sus quimeras.

Cierto que un charlatán, cuyo placer supremo consiste en hablar desde lo alto de una cátedra o de una tribuna, correría fuerte peligro al volverse loco furioso en la isla de Robinsón. No exigiré a mi gacetillero las animosas virtudes de Crusoe; pero le pido que no entable acusación contra los enamorados de la soledad y del misterio.

Hay en nuestras razas parlanchinas individuos que aceptarían con menor repugnancia el suplicio supremo si se les permitiera lanzar desde lo alto del patíbulo una copiosa arenga, sin miedo de que los tambores de Santerre les cortasen intempestivamente la palabra.

No los compadezco, porque adivino que sus efusiones

oratorias les procuran placeres iguales a los que otros sacan del silencio y del recogimiento; pero los desprecio.

Deseo, ante todo, que mi gacetillero maldito me dejo divertirme a mi gusto. «Pero ¿no siente usted nunca -me dice, en tono nasal archiapostólico- necesidad de compartir sus goces?» ¡Miren el sutil envidioso! ¡Sabe que desdeño los suyos y viene a insinuarse en los míos, el horrible aguafiestas!

«¡La desgracia grande de no poder estar solo!...» -dice en algún lado La Bruyère, como para avergonzar a todos los que corren a olvidarse entre la muchedumbre, temerosos, sin duda, de no poder soportarse a sí mismos.

«Casi todas nuestras desgracias provienen de no haber sabido quedarnos en nuestra habitación» -dice otro sabio, creo que Pascal, llamando así a la celda del recogimiento a todos los alocados que buscan la dicha en el movimiento y en una prostitución que llamaría yo *fraternitaria*, si quisiera hablar la hermosa lengua de mi siglo.

24

LOS PROYECTOS

*D*ecíase él, paseando por un vasto parque solitario: «¡Cuán bella estaría con un traje de corto, complicado y fastuoso, bajando, a través de la atmósfera de una bella tarde, los escalones de mármol de un palacio, frente a extensas praderas de césped y de estanques! ¡Porque tiene naturalmente aspecto de princesa!»

Al pasar más tarde por una callo detúvose ante una tienda de grabados, y como hallara en una carpeta una estampa, representación de un paisaje tropical, se dijo: «¡No! No es en un palacio donde yo quisiera poseer su amada existencia. No estaríamos *en casa*. Además, las paredes, acribilladas de oro, no dejarían sitio para colgar su imagen; en las solemnes galerías no hay un rincón para la intimidad. Decididamente, *ahí* es donde habría que irse para cultivar el ensueño de mi vida.»

Y mientras analizaba con los ojos los detalles del grabado, proseguía naturalmente. «A la orilla del mar, una hermosa cabaña de madera, envuelta por todos estos árboles raros y relucientes, cuyos nombres olvidé...; en la atmósfera, un aroma embriagador, indefinible...; en la cabaña, un poderoso perfume de rosas y de almizcle...; más lejos, detrás de nuestro breve dominio, puntas de mástiles mecidos por la marea...; en derredor, más allá de la estancia, iluminada por una luz rosa, tamizada por las cortinillas, decorada con esterillas frescas y flores mareantes y con raros asientos de un *rococó* portugués, de madera pesada y tenebrosa -en donde ella descansaría, tan quieta, tan bien abanicada, fumando tabaco levemente opiáceo-; más allá de la varenga, el bullicio de los pájaros, ebrios de luz, y el parloteo de las negritas... Y por la noche, para hacer compañía a mis sueños, el cantar quejumbroso de los árboles de música, de los filaos melancólicos. Sí; *ahí* tengo, en verdad, el fondo que buscaba. ¿Para qué quiero un palacio?»

Y más allá, caminando por una gran avenida, vio una posada limpita, con una ventana avivada por unas cortinas de indiana multicolor, a la que asomaban dos cabezas risueñas. Y en seguida: «Muy vagabundo tiene que ser mi pensamiento -se dijo- para ir a buscar tan lejos lo que tan cerca está de mí. Placer y ventura se hallan en la primera posada que se ve, en la posada del azar, tan fecunda en voluptuosidades. Un buen fuego, lozas vistosas, cena aceptable, vino áspero, cama muy ancha, con colgaduras algo toscas, pero nuevas. ¿Qué hay mejor?»

Y cuando volvió a casa, a la hora en que los consejos de la sabiduría no están ya apagados por el zumbido de la vida exterior, se dijo:»Tuve hoy, en sueños, tres domicilios en los que hallé un mismo goce. ¿Para qué forzar al cuerpo a cambiar de sitio, si mi alma viaja tan de prisa? ¿Y para qué ejecutar proyectos, si es ya el proyecto en sí goce suficiente?»

25

LA HERMOSA DOROTEA

Agobia el Sol a la ciudad con su luz recta y terrible; la arena resplandece y el mar espejea. Cobardemente se rinde el mundo estupefacto y duerme la siesta, siesta que es una especie de muerte sabrosa en que el dormido, despierto a medias, saborea los placeres de su aniquilamiento.

Sin embargo, Dorotea, fuerte y altiva como el Sol, avanza por la calle desierta, único ser vivo a esta hora bajo el inmenso azul, y forma en la luz una mancha brillante y negra.

Avanza, balanceando muellemente el torso tan fino sobre las caderas tan anchas. Su vestido de seda ajustado, de tono claro y rosa, contrasta vivamente con las tinieblas de su piel, moldeando con exactitud su tallo largo, su espalda hundida y su pecho puntiagudo.

La sombrilla roja, tamizando la luz, proyecta en su rostro sombrío el afeite ensangrentado de sus reflejos.

El peso de su enorme cabellera casi azul echa atrás su cabeza delicada y le da aire de triunfo y de pereza. Pesados pendientes gorjean secretos en sus orejas lindas.

De tiempo en tiempo, la brisa del mar levanta un extremo de su falda flotante y deja ver la pierna luciente y soberbia; y su pie, semejante a los pies de las diosas de mármol que Europa encierra en sus museos, imprime fielmente su forma en la arena menuda. Porque Dorotea es tan prodigiosamente coqueta, que el gusto de verse admirada vence en ella al orgullo de la libertad, y aunque es libre, anda sin zapatos.

Avanza así, armoniosamente, dichosa de vivir, sonriente, con blanca sonrisa, como si viese a lo lejos, en el espacio, un espejo que reflejara su porte y su hermosura.

A la hora en que los mismos perros gimen de dolor al sol que los muerde, ¿qué poderoso motivo hace andar así a la perezosa Dorotea, hermosa y fría como el bronce?

¿Por qué dejó la estrecha cabaña, tan coquetamente dispuesta con flores y esterillas, que a tan poca costa le forman tocador perfecto; donde halla tanto placer en estarse peinando, en fumar, en que le den aire o en mirarse en el espejo de sus anchos abanicos de plumas, mientras el mar, que azota la playa a cien pasos de allí, da a sus divagaciones indecisas un poderoso y monótono acompañamiento, y la marmita de hierro, en que está puesto a cocer un guisado de cangrejos con arroz y azafrán, le envía, desde el fondo del patio, sus perfumes excitantes?

Quizá tiene cita con algún oficialillo que en playas lejanas oyó a sus compañeros hablar de la famosa Dorotea. Infaliblemente, la sencilla criatura le pedirá que le describa el baile de la Ópera, y le preguntará si se puede ir descalza, como a la danza del domingo, en que hasta las viejas cafrinas se ponen borrachas y furiosas de gozo, y también si las bellas señoras de París son todas más guapas que ella.

A Dorotea todos la admiran y la halagan, y sería perfectamente feliz si no tuviese que amontonar piastra sobre piastra para el rescate de su hermanita, que tendrá once años, y ya está madura y es tan hermosa. ¡Lo conseguirá sin duda la buena Dorotea! ¡El amo de la niña es tan avaro! Demasiado avaro para comprender otra hermosura que la de los escudos.

LOS OJOS DE LOS POBRES

¡Ah!, queréis saber por qué hoy os aborrezco. Más fácil os será comprenderlo, sin duda, que a mí explicároslo; porque sois, creo yo, el mejor ejemplo de impermeabilidad femenina que pueda encontrarse.

Juntos pasamos un largo día, que me pareció corto. Nos habíamos hecho la promesa de que todos los pensamientos serían comunes para los dos, y nuestras almas ya no serían en adelante más que una; ensueño que nada tiene de original, después de todo, a no ser que, soñándolo todos los hombres, nunca lo realizó ninguno.

Al anochecer, un poco fatigada, quisisteis sentaros delante de un café nuevo que hacía esquina a un bulevar, nuevo, lleno todavía de cascotes y ostentando ya gloriosamente sus esplendores, sin concluir. Centelleaba el café. El gas mismo desplegaba todo el ardor de un estreno, e iluminaba con todas sus fuerzas los muros cegadores de blancura, los lienzos deslumbradores de los espejos, los oros de las medias cañas y de las cornisas, los pajes de mejillas infladas arrastrados por los perros en traílla, las damas risueñas con el halcón posado en el puño, las ninfas y las diosas que llevaban sobre la cabeza frutas, pasteles y caza; las Hebes y las Ganimedes ofreciendo a brazo tendido el anforilla de jarabe o el obelisco bicolor de los helados con copete: la historia entera de la mitología puesta al servicio de la gula.

Enfrente mismo de nosotros, en el arroyo, estaba plantado un pobre hombre de unos cuarenta años, de faz cansada y barba canosa; llevaba de la mano a un niño, y con el otro brazo sostenía a una criatura débil para andar todavía. Hacía de niñera, y sacaba a sus hijos a tomar el aire del anochecer. Todos harapientos. Las tres caras tenían extraordinaria seriedad, y los seis ojos contemplaban fijamente el café nuevo, con una admiración igual, que los años matizaban de modo diverso.

Los ojos del padre decían: «¡Qué hermoso! ¡Qué hermoso! ¡Parece como si todo el oro del mísero mundo se hubiera colocado en esas paredes!» Los ojos del niño: «¡Qué hermoso!, ¡qué hermoso!; ¡pero es una casa donde sólo puede entrar la gente que no es como nosotros!» Los ojos del más chico estaban fascinados de sobra para expresar cosa distinta de un gozo estúpido y profundo.

Los cancioneros suelen decir que el placer vuelve al alma buena y ablanda los corazones. Por lo que a mí toca, la canción dijo bien aquella tarde. No sólo me había enternecido aquella familia de ojos, sino que me avergonzaba un tanto de nuestros vasos y de nuestras botellas, mayores que nuestra sed. Volvía yo los ojos hacia los vuestros, querido amor mío, para leer en ellos mi pensamiento; me sumergía en vuestros ojos tan bellos y tan extrañamente dulces, en vuestros ojos verdes, habitados por el capricho e inspirados por la Luna, cuando me dijisteis: «¡Esa gente me está siendo insoportable con sus ojos tan abiertos como puertas cocheras! ¿Por qué no pedís al dueño del café que los haga alejarse?»

¡Tan difícil es entenderse, ángel querido, y tan incomunicable el pensamiento, aun entre seres que se aman!

MUERTE HEROICA

Fanciullo era un admirable bufón, casi un amigo del príncipe. Mas, para las personas consagradas a lo cómico por profesión, lo serio tiene atractivos fatales, y por raro que pueda parecer que las ideas de patria y de libertad se apoderen despóticamente del cerebro de un histrión, un día Fanciullo tomó parte en cierta conspiración tramada por algunos señores descontentos.

En todas partes hay hombres de bien que denuncian al Poder los individuos de humor atrabiliario, que quieren desposeer a los príncipes y operar, sin consultarla, la mudanza de una sociedad. Los señores en cuestión fueron detenidos, y con ellos Fanciullo, y condenados a muerte cierta.

Gustoso creería yo que al príncipe llegó a enfadarlo aquello de encontrar entre los rebeldes a su comediante favorito. El príncipe no era ni mejor ni peor que los demás; pero una sensibilidad excesiva le hacía en muchos casos más cruel y más déspota que todos sus semejantes. Apasionado por las bellas artes, y además entendido en ellas como pocos, mostrábase verdaderamente insaciable de placeres. Harto indiferente con relación a los hombres y a la moral, artista verdadero en persona, no conocía enemigo más peligroso que el aburrimiento, y los esfuerzos raros que hacía para huir de este tirano del mundo o vencerle le hubieran atraído ciertamente, por parte de un historiador severo, el epíteto de *monstruo*, si hubiera dejado que en sus dominios se escribiese algo que no tendiera únicamente al placer o al asombro, que es una de las más delicadas formas del placer. La gran desdicha de aquel príncipe fue no tener nunca un teatro suficientemente vasto para su genio. Hay Nerones jóvenes que se ahogan en límites sobrado estrechos; los siglos por venir han de ignorar siempre su nombre y su buena voluntad. La Providencia, imprevisora, había dado a aquél facultades mayores de sus estados.

Corrió de repente la voz de que el soberano quería otorgar gracia a todos los conjurados; y origen de tal rumor fue el anuncio de un gran espectáculo en que Fanciullo había de representar uno de sus papeles principales y mejores, y al que asistirían también, según informes, los caballeros condenados; signo evidente, agregaban los espíritus superficiales, de las tendencias generosas del príncipe ofendido.

Por parte de un hombre tan natural y voluntariamente excéntrico, todo era posible, hasta la virtud, hasta la clemencia, sobre todo si pensaba encontrar en ella placeres inesperados. Mas para los que, como yo, habían podido penetrar más adentro en las profundidades de aquella alma curiosa y enferma, era infinitamente más probable que el príncipe quisiera juzgar del valor de los talentos escénicos de un hombre condenado a muerte. Quería aprovechar la ocasión para hacer un experimento fisiológico de interés *capital*, y comprobar hasta qué punto las facultades habituales de un artista podían alterarse o modificarse ante la situación extraordinaria en que él se encontraba; después de esto, ¿existía en su alma una intención más o menos resuelta de clemencia? Punto es éste que jamás ha podido aclararse.

Llegó, al cabo, el gran día, y la reducida corte desplegó

todas sus pompas; difícil sería concebir, sin haberlo visto, cuántos esplendores puede ostentar la clase privilegiada de un Estado con recursos restringidos en una verdadera solemnidad. Aquélla era doblemente verdadera; lo primero, por la magia del lujo desplegado, y después, por el interés moral y misterioso que llevaba consigo.

Maese Fanciullo sobresalía, ante todo, en los papeles mudos, o poco cargados de palabras, que suelen ser los principales en esos dramas de magia, cuyo objeto es representar simbólicamente el misterio de la vida. Entró en escena con ligereza y con perfecta soltura, y ello contribuyó a fortalecer en el noble auditorio la idea de benignidad y de perdón.

Cuando de un comediante se dice: «Ese es un buen comediante», se echa mano de una fórmula que implica que, tras el personaje, se deja adivinar el cómico, es decir, el arte, el esfuerzo, la voluntad. Pues si un comediante llega a ser, con relación al personaje que está encargado de expresar, lo que las mejores estatuas antiguas, milagrosamente animadas, vivas, andantes, videntes, podrían ser, con respecto a la idea general y confusa de belleza, ése sería, a no dudar, caso singular y totalmente improvisto. Fanciullo fue aquella noche una perfecta idealización, que era imposible no suponer viva, posible, real. El bufón iba, venía, reía, lloraba, entraba en convulsión, con una indestructible aureola en derredor de la cabeza, aureola invisible para todos, pero visible para mí, que unía en extraña amalgama los rayos del arte con la gloria del martirio. Fanciullo introducía, por no sé qué gracia especial suya, lo divino y lo sobrenatural, hasta en las bufonadas más extravagantes. Tiembla mi pluma, y lágrimas de emoción siempre presente se me suben a los ojos cuando intento describiros aquella inolvidable velada. Demostrábame Fanciullo, de manera perentoria, irrefutable, que la embriaguez del arte es más apta que otra cualquiera para velar los terrores del abismo; que el genio puede representar la comedia al borde de la tumba con una alegría que no le deje ver la tumba, perdido como está en un paraíso que excluye toda idea de tumba y destrucción.

Todo aquel público, por estragado y frívolo que fuese, pronto sintió el omnipotente dominio del artista. Nadie soñó ya en muerte, luto o suplicio. Cada cual se abandonó, sin inquietud, a los placeres múltiples que da la vista de una obra maestra de arte vivo. Las explosiones de gozo y admiración sacudieron varias veces las bóvedas del edificio con la energía de un trueno continuo. Hasta el príncipe, embriagado, mezcló su aplauso al de su corte.

Sin embargo, para los ojos clarividentes, su embriaguez no carecía de mezcla. ¿Sentíase vencido en su poderío de déspota? ¿Humillado en su arte de atemorizar corazones y embotar ánimos? ¿Frustrado en sus esperanzas y afrentado en sus previsiones? Tales supuestos, no exactamente justificados, pero no en absoluto injustificables, cruzaron por mi mente mientras contemplaba yo el rostro del príncipe, en el que una palidez nueva iba a juntarse sin cesar con su habitual palidez, como nieve sobre nieve. Apretábanse cada vez con más fuerza sus labios, y sus ojos se iluminaban con fuego interior, semejante al de los celos y al del odio, hasta cuando aplaudía ostensiblemente los talentos de su antiguo amigo, el extraño bufón, que tan bien bufoneaba con la muerte. En determinado momento vi a su alteza inclinarse hacia un pajecillo, colocado detrás de él, y hablarle al oído. La cara traviesa del lindo muchacho se iluminó con una sonrisa, y salió vivamente después del palco principesco, cual si fuera a cumplir un encargo urgente.

Pocos minutos más tarde, un silbido agudo, prolongado, interrumpió a Fanciullo en uno de sus mejores momentos, y desgarró a la vez oídos y corazón del artista. Del sitio de donde había brotado aquella inesperada desaprobación, un muchacho se precipitaba al pasillo ahogando la risa.

Fanciullo, sacudido, despertando de su sueño, cerró primero los ojos, los volvió a abrir casi enseguida, agrandados desmesuradamente, abrió luego la boca como para respirar convulso, vaciló un poco hacia adelante, otro poco hacia atrás, y cayó después muerto de repente en las tablas.

El silbido, rápido como el acero, ¿había frustrado en realidad al verdugo? ¿Había el príncipe mismo advertido toda la homicida eficacia de su treta? Permitida está la duda. ¿Tuvo sentimiento por su querido e inimitable Fanciullo? Dulce y legítimo es creerlo.

Los caballeros culpables habían gozado por última vez del espectáculo de la comedia. Aquella misma noche fueron borrados de la vida.

Desde entonces acá, varios mimos, justamente apreciados en diferentes países, han venido a representar ante la corte de ***, pero ninguno de ellos ha podido reanimar los maravillosos talentos de Fanciullo ni levantarse hasta el mismo *favor*.

LA MONEDA FALSA

Conforme nos alejábamos del estanco, mi amigo iba haciendo una cuidadosa separación de sus monedas; en el bolsillo izquierdo del chaleco deslizó unas moneditas de oro; en el derecho, plata menuda; en el bolsillo izquierdo del pantalón, un puñado de cobre, y, por último, en el derecho, una moneda de plata de dos francos que había examinado de manera particular:

«¡Singular y minucioso reparto!» -dije para mí.

Nos encontramos con un pobre que nos tendió la gorra temblando. Nada conozco más inquietador que la elocuencia muda de esos ojos suplicantes que tienen a la vez, para el hombre sensible que sabe leer en ellos, tanta humildad y tantas reconvenciones. Encuentra algo próximo a esa profundidad de asentimiento complicado en los ojos lacrimosos de los perros cuando se les azota.

El don de mi amigo fue mucho más considerable que el mío, y lo dije: «Hace bien; después del placer de asombrarse, no lo hay mayor que el de causar una sorpresa.» «Era la moneda falsa», me contestó tranquilamente, como para justificar su prodigalidad.

Pero en mi cerebro miserable, siempre ocupado en buscar

lo que no se halla (¡qué abrumadora facultad me ha regalado la Naturaleza!), entró de repente la idea de que semejante conducta por parte de mi amigo sólo tenía excusa en el deseo de crear un acontecimiento en la vida de aquel infeliz, y quizá el de conocer las distintas consecuencias, funestas o no, que una moneda falsa puede engendrar en manos de un mendigo. ¿No podía multiplicarse en piezas buenas? ¿No podía llevarle asimismo a la cárcel? Un tabernero, un panadero, por ejemplo, le mandarían acaso detener por monedero falso, o como a expendedor de moneda falsa. También podría ocurrir que la moneda falsa fuese, para un pobre especulador insignificante, germen de la riqueza de algunos días. Y así mi fantasía progresaba, prestando alas a la mente de mi amigo y sacando todas las deducciones posibles de todas las hipótesis posibles.

Pero él rompió bruscamente mi divagación recogiendo mis propias palabras: «Sí, estáis en lo cierto; no hay placer más dulce que el de sorprender a un hombre dándole más de lo que espera.»

Le miré a lo blanco de los ojos y me quedé asustado al ver que en los suyos brillaba un incontestable candor. Entonces vi claro que había querido hacer al mismo tiempo una caridad y un buen negocio; ganarse cuarenta sueldos y el corazón de Dios; alcanzar económicamente el paraíso; lograr, en fin, gratis, credencial de hombre caritativo. Casi le hubiera perdonado el deseo del goce criminal de que le supuse capaz poco antes; me hubiera parecido curioso, singular, que se entretuviera en comprometer a los pobres; pero nunca le perdonaré la inepcia de su cálculo. No hay excusa para la maldad; pero el que es malo, si lo sabe, tiene algún mérito; el vicio más irreparable es el de hacer el mal por tontería.

29

EL JUGADOR GENEROSO

Ayer, entre la muchedumbre del bulevar, sentí que me rozaba un ser misterioso que siempre tuve deseo de conocer, y a quien reconocí en seguida, aunque no le hubiese visto jamás. Había, sin duda, en él para conmigo un deseo análogo, porque al pasar me lanzó significativamente un guiño, al que me di prisa por obedecer. Le seguí con atención, y pronto bajé detrás de él a una mansión subterránea deslumbradora, en que brillaba un lujo del cual ninguna de las habitaciones superiores de París podría ofrecer ejemplo aproximado. Parecíame raro que hubiese podido yo pasar tan a menudo cerca de aquel misterioso cobijo sin adivinar su entrada. Reinaba allí una atmósfera exquisita, aunque de mareo, que casi hacía olvidar instantáneamente todos los fastidiosos horrores de la vida; respirábase allí una sombría beatitud, análoga a la que debieron de sentir los comedores de loto cuando, al desembarcar en una isla encantada, iluminada por los resplandores de una eterna prima tarde, sintieron nacer dentro de sí el sonido adormecedor de las cascadas melodiosas, el deseo de no volver a ver nunca sus penates, a sus mujeres, a sus hijos, y de no tomar nunca a mecerse en las altas olas del mar.

Había allí rostros extraños de hombres y de mujeres, señalados por una hermosura fatal, que me parecía haber ya visto en épocas y en países que no podía recordar exactamente, y antes me inspiraban fraternal simpatía que ese temor nacido de ordinario al aspecto de lo desconocido. Si intentara definir de un modo cualquiera la expresión singular de sus miradas, diría que nunca vi ojos en que más enérgicamente brillara el horror del hastío y el deseo inmortal de sentirse vivir.

Mi huésped y yo éramos ya, cuando nos sentamos, antiguos y perfectos amigos. Comimos y bebimos sin tasa toda clase de vinos extraordinarios, y lo que es más extraordinario aún, me pareció, después de varias horas, que yo no estaba más borracho que él. Sin embargo, el juego, placer sobrehumano, había interrumpido con diversos intervalos nuestras libaciones frecuentes, y tengo que deciros que me había jugado y perdido el alma, mano a mano, con una despreocupación y una ligereza heroicas. El alma es cosa tan impalpable, tan inútil a menudo, y en ocasiones tan molesta, que, al perderla, no sentí más que una emoción algo menor que si se me hubiera extraviado, yendo de paseo, una tarjeta de visita.

Fumamos largamente algunos cigarros cuyo sabor y aroma incomparables daban al alma la nostalgia de países y de venturas desconocidos, y embriagado de tantas delicias, me atreví, en un acceso de familiaridad que no pareció desagradarle, a exclamar, echando mano a una copa llena hasta el borde: «¡A vuestra salud, inmortal viejo Chivo!»

Hablamos también del Universo, de su creación y de su destrucción futura; de la idea grande del siglo, es decir, del progreso y de la perfectibilidad, y, en general, de todas las formas de la infatuación humana. Tratándose de esto, su alteza no agotaba las chanzas ligeras e irrefutables, expresándose con una suavidad de dicción y una tranquilidad en la chacota que no he visto nunca en ninguno de los más célebres conversadores de la Humanidad. Me explicó lo absurdo de las diferentes filosofías que se habían posesionado hasta entonces del cerebro humano, y hasta se dignó declararme, en confianza, algunos principios fundamentales cuyos beneficios y propiedad no me conviene compartir con nadie. No se quejó en lo más mínimo de la mala reputación de que goza en todas las partes del mundo; me aseguró que él, en persona, era el mayor interesado, en destruir la *superstición*, y llegó a confesarme que no había temido por su propio poder más que una vez sola, el día en que oyó decir desde el púlpito a un predicador más listo que sus cofrades: «Queridos hermanos, no olvidéis nunca, cuando oigáis elogiar el progreso de las luces, que la más bonita astucia del diablo está en persuadiros de que no existe.»

El recuerdo de aquel célebre orador nos llevó naturalmente al asunto de las academias; mi extraño huésped me afirmó que no tenía a menos, en muchos casos, inspirar la pluma, la palabra, la conciencia de los pedagogos, y que asistía siempre en persona, aunque invisible, a todas las sesiones académicas.

Animado por tantas bondades, le pedí noticias de Dios y le pregunté si le había visto recientemente. Me contestó con un despego matizado de alguna tristeza: «Nos saludamos si nos vemos; pero como dos caballeros ancianos que no hubieran conseguido apagar del todo el recuerdo de pasadas rencillas en una cortesía innata.»

Es dudoso que su alteza haya dado jamás audiencia tan larga a un simple mortal, y yo temía estar abusando. Por fin, cuando la trémula aurora blanqueaba los cristales, aquel famoso personaje, cantado por tantos poetas y servido por tantos filósofos, que, sin saberlo, trabajan por su gloria, me dijo: «Quiero que tenga buen recuerdo de mí, y voy a demostrarle que yo, de quien tan mal se habla, soy algunas veces un *buen diablo*, para servirme de una locución vulgar. En compensación por la pérdida irremediable de su alma, le doy la puesta que hubiese ganado si la suerte se hubiera declarado en favor suyo, es decir, la posibilidad de aliviar y de vencer, durante toda la vida, esa rara afección del hastío, fuente de todas vuestras enfermedades y de todos vuestros miserables progresos. Nunca formulará deseo que yo no le ayude a realizar; reinará sobre todos sus vulgares semejantes; tendrá buena provisión de halagos y aun de adoraciones; la plata, el oro, los diamantes, los palacios de magia saldrán a buscarle, y le rogarán que los acepte, sin que haya necesidad de esfuerzo para guardarlos; cambiará de patria y de país tan a menudo como su fantasía se lo ordene; se emborrachará de placeres, sin cansancio, en países encantadores donde siempre hace calor y donde las mujeres huelen tan bien como las flores, etcétera, etc... -añadió levantándose y despidiéndome con amable sonrisa.

Si no hubiera sido por temor a humillarme delante de tan numerosa asamblea, de buena gana hubiese yo caído a los pies del generoso jugador, para darle gracias por su munificencia inaudita., Pero, poco a poco, luego que le hube dejado, fue volviendo a mi seno la desconfianza incurable; no me atreví ya a creer en felicidad tan prodigiosa, y mientras me acostaba, rezando una vez más, por un resto de costumbre imbécil, repetíame medio dormido: «¡Dios mío! ¡Señor Dios mío! ¡Haced que el diablo me cumpla su palabra!»

30

LA CUERDA

A Édouard Manet.

«Las ilusiones -me decía un amigo- son tan innumerables quizá como las relaciones de los hombres entre sí o de los hombres con las cosas.» Y cuando la ilusión desaparece, es decir, cuando vemos al ser o el hecho tal como existe fuera de nosotros, experimentamos un raro sentimiento complicado, mitad pesar por la desaparición del fantasma, mitad agradable sorpresa ante la novedad, ante la realidad del hecho. Si existe un fenómeno evidente, trivial, siempre parecido y de naturaleza ante la cual sea imposible equivocarse, es el amor materno. Tan difícil es suponer una madre sin amor materno como una luz sin calor. ¿No será, por tanto, perfectamente legítimo atribuir al amor materno todas las acciones y las palabras de una madre relativas a su hijo? Pues oíd, sin embargo, esta breve historia, en la que me he dejado engañar singularmente por la ilusión más natural.

Mi profesión de pintor me mueve a mirar atentamente las caras, las fisonomías que se atraviesan en mi camino, y ya sabéis el goce que sacamos de semejante facultad, que hace la vida más viva a nuestros ojos y más significativa que para los demás hombres. En el barrio apartado en que vivo, que tiene todavía vastos trechos de hierba entro las casas, he solido observar a un niño cuya fisonomía ardiente y traviesa, más que la de los otros, me sedujo desde el primer momento. Más de una vez me sirvió de modelo, y le transformé, ya en gitanillo, ya en ángel, ya en amor mitológico. Lo di a llevar el violín del vagabundo, la corona de espinas y los clavos de la Pasión, y la antorcha de Eros. Acabé por tomar gusto tan vivo a la gracia de aquel chicuelo, que un día fui a pedir a sus padres, unos pobres, que me lo cedieran, prometiendo que le vestiría bien y le daría algún dinero, y no le impondría más trabajo que el de limpiar los pinceles y hacer algunos recados. El niño, en cuanto se le lavó, se quedó hecho un encanto, y la vida que junto a mí llevaba lo parecía un paraíso en comparación con la que hubiera tenido que soportar en el tugurio paterno. Sólo tendré que añadir que el muñequillo me asombró algunas veces con crisis singulares de tristeza precoz, y que pronto empezó a manifestar afición inmoderada por el azúcar y los licores, tanto, que un día en que pude comprobar, no obstante mis repetidas advertencias, un nuevo latrocinio de tal género cometido por él, le amenacé con devolvérselo a sus padres. Luego salí, y mis asuntos me retuvieron bastante rato fuera de casa.

¿Cuál no sería mi horror y mi asombro cuando, al volver a ella, lo primero que me atrajo mi vista fue mi muñequillo, el travieso compañero de mi vida, colgado de un tablero de este armario? Los pies casi tocaban al suelo; una silla, derribada sin duda de una patada, estaba caída cerca de él; la cabeza se apoyaba convulsa en el hombro; la cara hinchada y los ojos desencajados con fijeza espantosa me produjeron, al pronto, la ilusión de la vida. Descolgarle, no era tarea tan fácil como pudierais creer. Estaba ya tieso, y sentía yo repugnancia inexplicable en dejarle caer bruscamente al suelo. Había que sostenerle en peso con un brazo, y con la mano del otro cortar la cuerda. Pero con eso no estaba hecho todo; el pequeño monstruo había empleado un cordel muy fino, que había penetrado hondamente en las carnes, y ya era preciso buscar la cuerda, con unas tijeras muy finas, entre los rebordes de la hinchazón, para libertar el cuello.

Se me olvidó deciros que antes pedí socorro; pero todos los vecinos se negaron a darme ayuda, fieles así a las costumbres del hombre civilizado, que nunca quiere, no sé por qué, tratos con ahorcados. Vino, por fin, un médico, y declaró que el niño estaba muerto desde hacía varias horas. Cuando, más tarde, tuvimos que desnudarle para el entierro, la rigidez cadavérica era tal, que, desesperado de doblar los miembros, tuvimos que rasgar y cortar los vestidos para quitárselos.

Al comisario, a quien, como es natural, hube de declarar el accidente, me miró de reojo y me dijo «¡El asunto no está claro!», movido, sin duda, por un inveterado deseo y un hábito profesional de infundir temor, valga por lo que valiere, lo mismo a inocentes que a culpables.

Un paso supremo había que dar aún, y sólo de pensarlo sentía yo angustia terrible: había que avisar a los padres. Los pies se negaban a llevarme. Por fin tuvo ánimos. Pero, con gran asombro mío, la madre se quedó impasible, sin que brotase una lágrima de sus ojos. Achaqué tal extrañeza al horror mismo que debía de sentir, y recordé la máxima conocida: «Los dolores más terribles son los dolores mudos.» El padre se contentó con decir, con aspecto entre embrutecido y ensimismado: «¡Después de todo, así es mejor; tenía que acabar mal!»

Entretanto, el cuerpo estaba tendido en un sofá, y, con ayuda de una criada, ocupábame yo en los últimos preparativos, cuando la madre entró en mi estudio. Quería, según indicó, ver el cadáver de su hijo. A la verdad, yo no podía impedir que se embriagase de su infortunio, ni negarle aquel supremo y sombrío consuelo. En seguida me pidió que le enseñara el armario de que se había ahorcado el niño. «¡Ah!

¡No, señora -le contesté-; le haría daño!» Y como involuntariamente se volviesen hacia el armario mis ojos, eché de ver con repugnancia, mixta de horror y de cólera, que el clavo se había quedado en el tablero, con un largo trozo de cuerda colgando todavía. Me lancé vivamente a arrancar aquellos últimos vestigios de la desgracia, y cuando iba a tirarlos por la ventana, abierta, la pobre mujer me cogió del brazo y me dijo con voz irresistible: «¡Señor, déjemelo! ¡Se lo ruego! ¡Se lo suplico!»

La desesperación -así lo pensé - de tal modo la había enloquecido, que se enamoraba con ternura de lo que sirvió de instrumento de muerte a su hijo; quería conservarlo como reliquia horrible y amada. Y se apoderó del clavo y del cordel.

¡Por fin, por fin se acabó todo! Ya no me quedaba más que ponerme a trabajar de nuevo, con mayor viveza todavía que la habitual, para rechazar poco a poco aquel pequeño cadáver, que se metía entre los repliegues de mi cerebro, y cuyo fantasma me cansaba con sus ojazos fijos. Pero al día siguiente recibí un montón de cartas: una de inquilinos de la casa, otras de casas vecinas; una del piso primero, otra del segundo, otra del tercero, y así sucesivamente; unas en estilo semichistoso, como si trataran de disfrazar con una chacota aparente la sinceridad de la petición; otras de una pesadez descarada y sin ortografía, pero todas dirigidas a lo mismo, esto es: a lograr de mí un trozo de la funesta y beatífica cuerda. Entre los firmantes había, fuerza es decirlo, más mujeres que hombres; pero no todos, creedlo, pertenecían a la clase ínfima y vulgar. He conservado las cartas.

Entonces, súbitamente se hizo la luz en mi cerebro, y comprendí por qué la madre insistió tanto para arrancarme el cordel y con qué tráfico se proponía encontrar consuelo.

LAS VOCACIONES

*E*n un hermoso jardín, donde los rayos del sol otoño parecían rezagarse a gusto, bajo un cielo verdoso ya, con nubes de oro flotantes como continentes viajeros, cuatro bellos niños, cuatro muchachos, cansados sin duda del juego, hablaban entre sí.

Uno decía: «Ayer me llevaron al teatro. En palacios grandes y tristes, al fondo de los cuales se ve el mar y el cielo, unos hombres y unas mujeres, serios y tristes también, pero más hermosos y mucho mejor vestidos que los que solemos ver, hablan con voz que es un cantar. Amenázanse, suplican, se angustian y se llevan la mano con frecuencia a un puñal atravesado en el cinto. ¡Ay, qué bonito es! Las mujeres son mucho más guapas y más altas que las que vienen a casa a vernos, y, por terrible que sea el aspecto que les den sus ojazos hundidos y sus mejillas arrebatadas, nadie puede por menos de quedarse encantado al verlas. Infunden miedo, ganas de llorar, y, sin embargo, se goza tanto... Y lo más singular es que entran ganas de ir vestido como ellos, de hacer y decir lo mismo, de hablar con la misma voz...»

Uno de aquellos cuatro niños, que desde hacía unos segundos no escuchaba ya el discurso de su compañero y observaba con fijeza asombrosa no sé qué parte del cielo, dijo de repente: «¡Mirad, mirad... allá lejos! ¿Le veis? Está sentado en aquella nubecilla sola, en aquella nubecilla de color de fuego, que anda despacito. *Él* también parece que nos mira.»

«Pero ¿quién?» -preguntaron los demás.

«¡Dios! -contestó con acento de convicción entera-. ¡Ay! Ya está muy lejos; dentro de poco no podréis verle ya. Está sin duda de viaje, visitando todos los países. Mirad, va a pasar por detrás de aquella hilera de árboles que está casi en el horizonte..., y ahora baja por detrás del campanario... ¡Ay, ya no se le ve!»

Y el niño permaneció mucho tiempo vuelto del mismo lado, fijos en la línea que separa la tierra del cielo los ojos, en que brillaba una inefable expresión de éxtasis y de pesar.

«¡Será tonto, con ese Dios que nadie más que él ha visto! -dijo entonces el tercero, cuya personilla se señalaba por una vivacidad y una vitalidad singulares-. Yo voy a contaros cómo me pasó una cosa que no os ha pasado nunca a vosotros, y que tiene mayor interés que vuestro teatro y vuestras nubes. Hace unos días, mis padres me llevaron consigo a viajar, y como en la posada donde hicimos alto no había cama bastantes para todos, resolvieron que yo durmiese en el mismo lecho de mi criada.»

Llamó más cerca de sí a sus compañeros, y habló con voz más baja:

«Es curioso el efecto que causa no estar acostado solo y hallarse en un lecho con la criada, en tinieblas. Como no me dormía, me entretuve, mientras dormía ella, en pasarle las manos por los brazos, por el cuello y por los hombros. Tiene los brazos y el cuello mucho más gruesos que todas las demás mujeres, y la piel tan suave, tan suave, que parece papel de cartas o papel de seda. Tanto gusto me daba, que hubiera seguido por mucho tiempo, si no me hubiese dado miedo; lo primero, miedo de despertarla, y, después, miedo de no sé qué. Metí en seguida la cabeza entre sus cabellos, que le caían por la espalda, espesos como una crin, y olían tan bien, os lo aseguro, como las flores del jardín a estas horas. ¡Probad, cuando podáis, a hacer lo mismo, y ya veréis!»

El joven autor de tan prodigioso relato tenía, durante la narración, desencajados los ojos por una especie de estupor ante lo que aún sentía, y los rayos del sol poniente, deslizándose a través de los bucles rojizos de su cabellera enmarañada, encendían en derredor de ella como una aureola sulfúrea de pasión. Fácil era de adivinar que aquel no había de pasarse la vida buscando a la Divinidad en las nubes, y que la encontraría a menudo en otras partes.

Por último, el cuarto dijo: «Ya sabéis que yo en casa no suelo divertirme; al teatro nunca me llevan; mi tutor es avaro en demasía; Dios no se ocupa de mí ni de mi aburrimiento, y no tengo criada guapa que me duerma. Muchas veces he creído que encontraría gusto en andar siempre adelante, en línea recta, sin saber adónde, sin que a nadie le cause inquietud, y en ver siempre nuevos países. Nunca estoy bien en ninguna parte, y siempre creo que estaría mejor en otra parte que no allí donde estoy. Pues, bueno; en la última feria del pueblo vecino, vi tres hombres que viven como yo querría vivir. Vosotros no reparasteis en ellos. Eran altos, casi negros y muy altivos, aunque harapientos, con trazas de no necesitar de nadie. Sus ojazos sombríos se volvieron todo brillantez mientras tocaban música, una música tan sorprendente que da gana ya de bailar, ya de llorar o de las dos cosas al mismo tiempo; se volvería uno como loco si lo escuchara mucho rato. Uno, arrastrando el arco sobre el violín, parecía cantar una pena, y otro, haciendo saltar el martillito sobre las cuerdas de un piano corto colgado a su cuello de una correa, parecía burlarse del lamento de su vecino, en tanto que el tercero juntaba de vez en cuando los platillos con violencia extraordinaria. Tan contentos estaban de sí mismos, que siguieron tocando su música de salvajes aun después que se hubo dispersado la muchedumbre. Recogieron, por último, sus cuartos, se echaron los bártulos a la espalda y se fueron. Yo, por saber dónde vivían, los seguí de lejos hasta el lindero del bosque; sólo allí llegué a comprender que no vivían en ninguna parte.

«Entonces dijo uno: «¿Hay que abrir la tienda?»

«No, nada de eso -contestó otro- ¡Está la noche tan hermosa!»

El tercero contaba lo recaudado, y decía: «Esa gente no siente la música, y sus mujeres bailan como los osos. Por fortuna, antes de un mes estaremos en Austria, donde hallaremos un pueblo más amable.»

«Más valdría quizá que fuésemos a España, porque ya se va pasando la estación; huyamos antes de las lluvias y no nos mojemos más el gaznate» -dijo uno de los otros.

«Todo lo recuerdo, como veis. En seguida se bebió cada cual una taza de aguardiente y se durmieron, vuelta la frente a las estrellas. Al principio me entró deseo de pedirles que me llevaran consigo y me enseñaran a tocar sus instrumentos; pero no me atreví, sin duda porque siempre es muy difícil decidirse por cualquier cosa, y también porque temía que me volviesen a coger antes de haber salido de Francia.»

El aspecto poco interesado de los otros tres compañeros me llevó a pensar que aquel muchacho era ya un *incomprendido*. Le miraba con atención; tenía en los ojos y en la frente ese no sé qué precozmente fatal que suele alejar a la simpatía, y que, no sé por qué, excitaba la que hay en mí, hasta tal punto, que se me ocurrió por un instante la extraña idea de que podía yo tener un hermano que yo mismo no conocía.

Habíase puesto el Sol. La noche solemne ocupaba ya su lugar. Separáronse los niños, yéndose cada cual, sin saberlo, según las circunstancias y los azares, a madurar su destino, a escandalizar al prójimo y a gravitar hacia la gloria o hacia el deshonor.

3 2

EL TIRSO

A Franz Liszt.

¿Qué es un tirso? Según el sentido moral y poético, es un emblema sacerdotal en manos de los sacerdotes o de las sacerdotisas que celebran a la divinidad, cuyos intérpretes y servidores son. Pero, físicamente, no es más que un palo, un sencillo palo, percha de lúpulo, rodrigón de viña, seco, duro y derecho. En derredor de ese palo, en meandros caprichosos, juegan como locos tallos y flores, sinuosas y huidizas éstas, inclinados aquéllos como campanas o copas vueltas del revés. Una gloria asombrosa mana de tal complejidad de líneas y de colores, tiernas o brillantes. ¿No se diría que la curva y la espiral hacen la corte a la línea recta, bailando en torno suyo con adoración muda? ¿No se diría que todas esas corolas delicadas, todos esos cálices, explosiones de aromas y de color, ejecutan un fandango místico en derredor del pelo hierático? ¿Y cuál es, sin embargo, el mortal imprudente que se atrevería a decidir si las flores y los pámpanos se han hecho para el palo, o si el palo no es más que el pretexto para mostrar la hermosura de pámpanos y flores? El tirso es la representación de vuestra asombrosa dualidad, maestro poderoso y venerando, caro bacante de la belleza misteriosa y apasionada. Jamás la ninfa exasperada por Baco invencible, sobre las cabezas de sus compañeras enloquecidas sacudió el tirso con tanto vigor y capricho como vos agitáis vuestro genio sobre los corazones de vuestros hermanos. El palo es vuestra voluntad recta, firme e inquebrantable; las flores son el paseo de vuestra fantasía en derredor de vuestra voluntad; es el elemento femenino que ejecuta en redor del macho sus prestigiosas piruetas. Línea recta y línea de arabesco, intención y expresión, rigidez de la voluntad, sinuosidad del verbo, unidad del propósito, variedad de los medios, amalgama todopoderosa o indivisible del genio, ¿qué analítico tendrá el detestable valor de dividiros y separaros?

¡Querido Liszt: a través de las brumas y más allá de los ríos, por encima de las ciudades en que los pianos cantan vuestra gloria y la imprenta traduce vuestro saber, dondequiera que os halléis vos, en los esplendores de la ciudad eterna o en las nieblas de los países soñadores consolados por Gambrinus, improvisando cantos de deleite o de dolor inefable o confiando al papel vuestras meditaciones abstrusas, cantor del placer y de la angustia eternos, filósofo, poeta y artista, yo os saludo en la inmortalidad!

33

EMBRIAGAOS

*H*ay que estar siempre borracho. Todo consiste en eso: es la única cuestión. Para no sentir la carga horrible del Tiempo, que os rompe los hombros y os inclina hacia el suelo, tenéis que embriagaros sin tregua.

Pero ¿de qué? De vino, de poesía o de virtud, de lo que queráis. Pero embriagaos.

Y si alguna vez, en las gradas de un palacio, sobre la hierba verde de un foso, en la tristona soledad de vuestro cuarto, os despertáis, diminuida ya o disipada la embriaguez, preguntad al viento, a la ola, a la estrella, al ave, al reloj, a todo lo que huye, a todo lo que gime, a todo lo que rueda, a todo lo que canta, a todo lo que habla, preguntadle la hora que es; y el viento, la ola, la estrella, el ave, el reloj, os contestarán: «¡Es hora de emborracharse! Para no ser esclavos y mártires del Tiempo, embriagaos, embriagaos sin cesar. De vino, de poesía o de virtud; de lo que queráis.»

34
¡YA!

Cien veces había brotado ya el Sol radiante o contristado de la cuba inmensa del mar, cuyos bordes apenas se dejan ver; cien veces se había vuelto a sumergir, centelleante o lúgubre, en su inmenso baño vespertino. Desde muchos días atrás podíamos contemplar el otro lado del firmamento y descifrar el alfabeto celeste de los antípodas. Y cada uno de los pasajeros gemía y gruñía. Hubiérase dicho que la profundidad de la tierra lo exasperaba el sufrimiento. «¿Cuándo -decían- acabaremos de dormir un sueño sacudido por las olas, turbado por un viento que ronca más alto que nosotros?»

Había quien pensaba en su hogar, quien echaba de menos a su mujer infiel y basta y a su prole chillona. Tan enloquecidos estaban todos por la imagen de la tierra ausente, que, a mi parecer, hubieran comido hierba con más entusiasmo que los animales.

Por fin, fue señalada una orilla, y vimos, al acercarnos, que era una tierra magnífica, deslumbradora. Parecía que las músicas de la vida se desprendiesen de ella en vago murmullo, y que en aquellas costas, ricas en verdor de toda especie, se exhalase hasta muchas leguas más allá delicioso aroma de flores y frutas.

Pronto se tornaron todos felices, abdicando su mal humor cada cual. Todas las riñas se olvidaron, todas las ofensas recíprocas quedaron perdonadas, borráronse de la memoria los desafíos concertados y los rencores se desvanecieron como el humo.

Yo solo estaba triste, inconcebiblemente triste. Semejante al sacerdote a quien arrancaran su divinidad, no podía yo, sin desconsoladora amargura, desprenderme de aquel mar tan monstruosamente seductor, de aquel mar tan infinitamente, variado en su espantosa sencillez, que parece contener en sí, y representar en sus juegos, en su porte, en sus cóleras y sonrisas, los humores, las agonías y los éxtasis de todas las almas que han vivido, viven y vivirán.

Al despedirme de tan incomparable hermosura, sentíame abatido hasta la muerte; por eso cuando cada uno de mis compañeros dijo: ¡Por fin! Yo, sólo pude dar un grito: *¡Ya!*

Era, pues, la tierra, la tierra con su ruido, sus pasiones, sus comodidades, sus fiestas; era una tierra magnífica, henchida de promesas, que nos enviaba un misterioso perfume de rosas y almizcle, y de donde las músicas de la vida llegaban hasta nosotros en aromoso murmullo.

35

LAS VENTANAS

El que desde afuera mira por una ventana abierta, nunca ve tantas cosas como el que mira una ventana cerrada. No hay objeto más profundo, más misterioso, más fecundo, más tenebroso, más deslumbrador, que una ventana iluminada por una vela. Lo que se puede ver al sol, siempre es menos interesante que lo que pasa detrás de un vidrio. En aquel agujero negro o luminoso vive la vida, sueña la vida, padece la vida.

Mas allá de las olas de los tejados, veo una mujer, madura y arrugada ya, pobre, inclinada siempre sobre algo, sin salir nunca. Con su rostro, con su vestido, con su gesto, con casi nada, he reconstruido la historia de aquella mujer, o, mejor, su leyenda, y a veces me la cuento a mí mismo llorando.

Si hubiera sido un pobre viejo, yo hubiese reconstruido la suya con la misma facilidad.

Y me acuesto, orgulloso de haber vivido y padecido en seres distintos de mí.

Acaso me digáis: «¿Estás seguro de que tal leyenda sea la verdadera?» ¿Qué importa lo que pueda ser la realidad colocada fuera de mí si me ayudó a vivir, a sentir que soy y lo que soy?

36

EL DESEO DE PINTAR

¡Desdichado tal vez el hombre, pero dichoso el artista desgarrado por el deseo!

Ardiendo estoy por pintar a la que tan raras veces se me apareció para huir tan de prisa, como una cosa bella que se ha de echar de menos tras el viajero arrebatado en la noche. ¡Cuánto tiempo hace ya que desapareció!

Es hermosa y más que hermosa: es sorprendente. Lo negro en ella abunda; y es nocturno y profundo cuanto inspira. Sus ojos son de astros en que centellea vagamente el misterio, y su mirada ilumina como el relámpago: es una explosión en las tinieblas.

La compararía a un sol negro si se pudiese concebir un astro negro capaz de verter luz y felicidad. Pero hace pensar más a gusto en la luna, que indudablemente la señaló con su temible influjo; no en la luna blanca de los idilios, semejante a una novia fría, sino en la luna siniestra y embriagadora, colgada del fondo de una noche de tempestad y atropellada por las nubes que corren; no en la luna apacible y discreta, visitadora del sueño de los hombres puros, sino en la luna arrancada del cielo, vencida y rebelde, a quien los brujos tesalios obligan duramente a danzar sobre la hierba aterrorizada.

En su estrecha frente moran la voluntad tenaz y el amor a la presa. Sin embargo, en la parte baja de ese rostro inquietador, donde las móviles aletas de la nariz aspiran lo desconocido y lo imposible, estalla, con gracia inexpresable, la risa de un boca grande, roja y blanca y deliciosa, que hace soñar en el milagro de una soberbia flor abierta en un terreno volcánico.

Hay mujeres que inspiran deseos de vencerlas o de gozarlas; pero ésta infunde el deseo de morir lentamente ante sus ojos.

37

LOS BENEFICIOS DE LA LUNA

La Luna, que es el capricho mismo, se asomó por la ventana mientras dormías en la cuna, y se dijo: «Esa criatura me agrada.»

Y bajó muellemente por su escalera de nubes y pasó sin ruido a través de los cristales. Luego se tendió sobre ti con la ternura flexible de una madre, y depositó en tu faz sus colores. Las pupilas se te quedaron verdes y las mejillas sumamente pálidas. De contemplar a tal visitante, se te agrandaron de manera tan rara los ojos, tan tiernamente te apretó la garganta, que te dejó para siempre ganas de llorar.

Entretanto, en la expansión de su alegría, la Luna llenaba todo el cuarto como una atmósfera fosfórica, como un veneno luminoso; y toda aquella luz viva estaba pensando y diciendo: «Eternamente has de sentir el influjo de mi beso. Hermosa serás a mi manera. Querrás lo que quiera yo y lo que me quiera a mí: al agua, a las nubes, al silencio y a la noche; al mar inmenso y verde; al agua informe y multiforme; al lugar en que no estés; al amante que no conozcas; a las flores monstruosas; a los perfumes que hacen delirar; a los gatos que se desmayan sobre los pianos y gimen como mujeres, con voz ronca y suave.

«Y serás amada por mis amantes, cortejada por mis cortesanos. Serás reina de los hombres de ojos verdes a quienes apreté la garganta en mis caricias nocturnas; de los que quieren al mar, al mar inmenso, tumultuoso y verde; al agua informe y multiforme, al sitio en que no están, a la mujer que no conocen, a las flores siniestras que parecen incensarios de una religión desconocida, a los perfumes que turban la voluntad y a los animales salvajes y voluptuosos que son emblema de su locura.»

Y por esto, niña mimada, maldita y querida, estoy ahora tendido a tus pies, buscando en toda tu persona el reflejo de la terrible divinidad, de la fatídica madrina, de la nodriza envenenadora de todos los *lunáticos*.

38
¿CUÁL ES LA VERDADERA?

Conocí a una tal Benedicta, que llenaba la atmósfera de ideal y cuyos ojos derramaban deseo de grandeza, de hermosura, de gloria, de todo lo que lleva a creer en la inmortalidad.

Pero la milagrosa muchacha era bella en demasía para vivir mucho tiempo; así, murió algunos días después de haberla conocido yo, y yo mismo la enterré, un día en que la primavera agitaba su incensario hasta los cementerios. Yo fui quien la enterró, bien guardada en un féretro de madera perfumada, incorruptible como los cofres de la India.

Y como los ojos se me quedaran clavados en el lugar donde hundí mi tesoro, vi súbitamente una criaturilla que se parecía de modo singular a la difunta, y que, pisoteando la tierra fresca con violencia histérica y rara, decía soltando la risa: «¡La verdadera Benedicta soy yo! ¡Soy yo, valiente bribona! Y en castigo de tu locura y de tu ceguera, me querrás como soy.»

Pero yo, furioso, contesté: «¡No!, ¡no!, ¡no!» Y para acentuar mejor mi negativa, di tan fuerte golpe en la tierra con el pie, que la pierna se me hundió hasta la rodilla en la sepultura reciente, y, como lobo cogido en la trampa, sigo preso, tal vez para siempre, en la fosa de mi ideal.

39

UN CABALLO DE RAZA

Es muy fea. ¡Y sin embargo, es deliciosa!

El Tiempo y el Amor la han señalado con sus garras y la han enseñado cruelmente lo que cada minuto y cada beso se llevan de juventud y de frescura.

Es verdaderamente fea; es hormiga, araña, si queréis hasta esqueleto: ¡pero también es brebaje, magisterio, hechizo! En suma, es exquisita.

No pudo el Tiempo romper la armonía chispeante de su andar y la elegancia indestructible de su armazón. El Amor no pudo alterar la suavidad de su hálito infantil, y el tiempo nada arrancó de su abundante crin que exhala en leonados perfumes toda la vitalidad endiablada del Mediodía francés: Nimes, Aix, Arles, Aviñón, Narbona, Tolosa, ¡ciudades benditas del sol, enamoradas y encantadoras!

En vano la mordieron con buenos dientes el Tiempo y el Amor; en nada amenguaron el encanto vago, pero eterno, de su pecho de doncel.

Gastada quizá, pero no fatigada, y siempre heroica, hace pensar en esos caballos de raza fina que los ojos del verdadero aficionado distinguen aunque vayan enganchados a un coche de alquiler o a un lento carromato.

¡Y es, además, tan dulce y ferviente! Quiere como se quiere en otoño; diríase que la proximidad del invierno prende en su corazón un fuego nuevo, y nada de fatigoso hubo jamás en lo servil de su ternura.

40

EL ESPEJO

Un hombre espantoso entra y se mira al espejo.

«¿Por qué se mira al espejo si no ha de verse en él más que con desagrado?»

El hombre espantoso me contesta: «Señor mío, según los principios inmortales del ochenta y nueve, todos los hombres son iguales en derechos; así, pues, tengo derecho a mirarme; con agrado o con desagrado, ello no compete más que a mi conciencia.»

En nombre del buen sentido, yo tenía razón, sin duda; pero, desde el punto de vista de la ley, él no estaba equivocado.

41
EL PUERTO

Un puerto es morada encantadora para un alma cansada de las luchas de la vida. La amplitud del cielo, la arquitectura móvil de las nubes, el colorido cambiante del mar, el centelleo de los faros, son prisma adecuado maravillosamente para distraer los ojos sin cansarlos nunca. Las formas esbeltas de los navíos de aparejo complicado, a los que la marejada imprime oscilaciones armoniosas, sirven para mantener en el alma el gusto del ritmo y de la belleza. Y además, sobre todo, hay una suerte de placer misterioso y aristocrático, para el que ya no tiene curiosidad ni ambición, en contemplar, tendido en la azotea o apoyado de codos en el muelle, todos los movimientos de los que se van y de los que vuelven, de los que tienen todavía fuerza para querer, deseo de viajar o de enriquecerse.

4 2

RETRATOS DE QUERIDAS

En un gabinete de hombres solos, es decir, en la sala de fumar perteneciente a un elegante garito, cuatro hombres fumaban y bebían. No eran precisamente jóvenes ni viejos, guapos ni feos; pero, viejos o jóvenes, ostentaban esa distinción no despreciable de los veteranos del goce, ese indescriptible no sé qué, esa tristeza fría y burlona que dice claramente: «Hemos vivido con intensidad y buscamos algo que pudiéramos querer y estimar.»

Uno de ellos guió la conversación al tema de las mujeres. Más filosófico hubiera sido no decir nada de eso; pero hay personas de ingenio que, después de haber bebido, no menosprecian las conversaciones triviales. Oyen al que habla como se oiría música de baile.

-Todos los hombres -decía aquél- han pasado por la edad de Querubín. Es la época en que, a falta de dríadas, se da un abrazo sin repugnancia al tronco de una encina. Es el primer escalón del amor. En el segundo escalón se empieza a elegir. Estar en disposición de deliberar ya es decadencia. Entonces se busca decididamente la hermosura. Yo, señores, me glorío de haber llegado mucho tiempo a la época climatérica del tercer escalón, en que la misma hermosura no basta si no la sazonan perfumes, aderezos, etc. Hasta confesaré que en ocasiones, como a felicidad desconocida, aspiro a cierto cuarto escalón que ha de señalar calma absoluta. Pero en toda mi vida, salvo en la edad de Querubín, he sido más sensible que otro cualquiera a la enervadora necedad, a la medianía irritante de las mujeres. Lo que sobre todo me gusta en los animales es el candor. Juzgad, pues, cuánto me haría pasar mi última querida.

Era bastarda de príncipe. Guapa, no hay que decirlo. Si no, ¿me hubiera acercado a ella? Pero echaba a perder esa gran cualidad con una ambición indecorosa y deforme. ¡Era mujer que gustaba de echárselas de hombre! «¡Usted no es hombre! ¡Ah, si yo fuera hombre! ¡Entre nosotros dos, yo soy el hombre!» Tales eran los estribillos insoportables que salían de aquella boca, cuando yo hubiese querido que sólo echase a volar canciones. A propósito de un libro, de una poesía, de una ópera, cuando se me escapaba mi admiración: «¿Cree que eso está muy bien? -decía al punto-. ¿Usted qué sabe de lo que es estar bien?» -y empezaba a argüir.

Un día se dedicó a la química; de tal modo, que entre mi boca y la suya encontré en adelante una mascarilla de cristal. Y, con todo ello, muy gazmoña. Si la atropellaba alguna vez con ademán amoroso en demasía, le entraba la convulsión como a una sensitiva violada...

-Y ¿cómo acabó aquello? -dijo uno de los otros-. No le creí con tanta paciencia.

-Dios -prosiguió él- trajo el remedio para la enfermedad. Un día me encontré a aquella Minerva, hambrienta de vigor ideal, de palique con un criado, y en situación que me obligaba a retirarme discretamente para que no se ruborizasen. Por la noche los despedí a los dos, pagándoles lo devengado de su salario.

-Pues yo -dijo entonces el interruptor- sólo de mí puedo quejarme. La felicidad se vino a vivir a mi casa y yo no la reconocí. El Destino, en estos últimos tiempos, me había otorgado el goce de una mujer que era la más suave, la más sumisa, la más abnegada criatura. ¡Siempre a punto! ¡Y sin entusiasmo! «Quiero, ya que le gusta» -solía ser su respuesta-. Si dierais de palos a esa pared o este sofá, más suspiros sacaríais de ellos que los transportes del más insensato amor sacaban del seno de mi querida. Después de un año de vida común, me confesó que no había gozado nunca. Me dio repugnancia aquel duelo desigual, y la muchacha incomparable se casó. Más tarde me dio la ocurrencia de verla, y enseñándome seis hermosos niños, me dijo: «Pues bueno, querido amigo, la esposa es aún tan *virgen* como lo fue su querida.» Nada había cambiado en aquella persona. A veces la echo de menos: hubiera debido casarme con ella.»

Echáronse a reír los demás, y un tercero dijo a su vez:

-Yo, señores, he conocido placeres que quizá vosotros habéis desdeñado. Quiero hablar de lo cómico en el amor, de un carácter cómico que no excluye la admiración. Yo admiré más a mi última querida, me parece, de lo que vosotros hayáis podido aborrecer o amar a las vuestras. Y todos la admiraban lo mismo que yo. Cuando entrábamos en un restaurante, al cabo de pocos minutos todos se olvidaban de comer para contemplarla. Hasta los mozos y la señorita del mostrador sentían aquel éxtasis contagioso que los llevaba a descuidar sus obligaciones. En suma: que viví algún tiempo mano a mano con un *fenómeno vivo*. Comía, mascaba, molía, devoraba, tragaba, pero con el porte más ligero y despreocupado del mundo. Así me tuvo por mucho tiempo en éxtasis. Poseía una manera dulce, soñadora, inglesa y novelesca de decir: «¡Tengo hambre!», y lo repetía día y noche, enseñando los más lindos dientes, que os hubiesen enternecido y regocijado a la vez. Hubiera yo podido hacer fortuna enseñándola por las ferias como *monstruo polífago*. La alimentaba bien, y, sin embargo, me abandonó.

-¿Por un contratista de víveres, sin duda?

-Algo por el estilo: una especie de empleado de intendencia que, con cierta varita de virtudes que él poseía, dio tal vez a la pobre criatura la ración de varios soldados. Tal supuse yo por lo menos.

-Yo -dijo el cuarto- he padecido sufrimientos atroces por lo contrario de lo que se le suele echar en cara a la hembra egoísta. ¡Mal aconsejados me parecéis vosotros, harto afortunados mortales, cuando os quejáis de las imperfecciones de vuestras queridas!

Díjose aquello, en tono sobrado serio, por un hombre de aspecto tranquilo y reposado, de fisonomía casi clerical, infelizmente iluminada por unos ojos de color gris claro, ojos cuya mirada dice: «Quiero», o «Es necesario», o «Nunca perdono.»

-Si usted, G..., con lo nervioso que es, y ustedes, K... y J..., con su flojedad y ligereza, se hubiesen arrimado a cierta mujer que yo conozco, o hubieran echado a correr o se habrían muerto. Yo, como ven, he sobrevivido. Figúrense una persona incapaz de cometer un error de sentimiento o de cálculo; figúrense una serenidad desoladora de carácter, una abnegación sin comedia y sin énfasis, una dulzura sin debilidad, una energía sin violencia. La historia de mi amor se parece a un viaje interminable por una superficie pura y tersa como un espejo, vertiginosamente monótono, que reflejara todos mis sentimientos y mis gestos con la exactitud irónica de mi propia conciencia, de suerte que no podía permitirme gesto o sentimiento que no fuese razonable sin ver inmediatamente la muda reconvención de mi inseparable espectro. El amor se me aparecía como una tutela. ¡Cuántas tonterías evitó que hiciese, con lo que siento no haberlas cometido! ¡Cuántas deudas pagadas contra mi voluntad! Me privaba de todos los beneficios que hubiera podido yo sacar de mi propia locura. Con ley fría e infranqueable se atravesaba en todos mis caprichos. Para colmo de horror, ni agradecimiento exigía una vez pasado el peligro. ¡Cuántas veces me tuve que contener para no agarrarla del cuello, gritándole: «¡Pero sé imperfecta, miserable, para que pueda yo quererte sin malestar y sin cólera!» Durante algunos años la admiré, con el corazón henchido de aborrecimiento. Pero, en fin, el muerto no soy yo.

-¡Ah! dijeron los otros-. ¿Conque ha muerto ella?

-Sí; aquello no podía continuar. El amor se me había vuelto pesadilla abrumadora. Vencer o morir, como dice la Política; tal alternativa me imponía el destino. Un anochecer, en un bosque, a la orilla de una charca..., después de un paseo melancólico en que los ojos de ella reflejaban la dulzura del cielo, y mi corazón estaba como el infierno, crispado...

-¿Qué?

-¿Cómo?

-¿Qué va usted a decirnos?

-Era inevitable. Tengo demasiado sentimiento de la equidad para pegar, ultrajar o despedir a un servidor irreprochable. Pero había que concertar ese sentimiento con el horror que aquel ser me inspiraba; desembarazarme de tal ser sin faltarle al respeto. ¿Qué iba a hacer con ella yo, *si era perfecta?*

Los tres compañeros miraron al otro con mirada vaga y levemente entontecida, como si fingieran no entender y confesaran implícitamente que, por su parte, no se sentían capaces de acción tan rigurosa, aunque estuviese, por lo demás, perfectamente explicada.

Mandaron llevar en seguida otras botellas para matar el tiempo, que tiene vida tan dura, y acelerar la vida, que va tan despacio.

43

EL TIRADOR GALANTE

Cuando el carruaje pasaba por el bosque, mandó parar en las cercanías de un tiro, diciendo que le sería grato tirar unas balas para *matar* el Tiempo. Matar a ese monstruo, ¿no es la ocupación más ordinaria y más legítima de cada cual? Y ofreció galantemente la mano a su querida, deliciosa y execrable mujer, a aquella mujer misteriosa a quien debía tantos placeres, tantos dolores, y acaso también gran parte de su genio.

Algunas balas fueron a dar lejos del blanco; una, hasta se clavó en el techo, y como la criatura encantadora se echara a reír locamente, burlándose de la torpeza de su esposo, éste se volvió brusco hacia ella, y le dijo: «Mira aquella muñeca, allá, a la derecha, la de la nariz arremangada, de rostro tan altivo. Pues bueno, ángel mío: me *figuro que eres tú*.» Y, cerrando los ojos, disparó. La muñeca quedó decapitada en seco.

Entonces, inclinándose hacia su querida, su deliciosa, su execrable mujer, su inevitable y despiadada musa, y besándole respetuosamente la mano, añadió: «¡Ay ángel mío, cuánto te agradezco mi habilidad!»

44
LA SOPA Y LAS NUBES

Mi amada locuela me invitaba a comer, y por la ventana abierta del comedor iba yo contemplando las movedizas arquitecturas que Dios hace con los vapores, las construcciones maravillosas de lo impalpable. Y me decía, a través de mi contemplación: «Todas esas fantasmagorías son casi tan bellas como los ojos de mi hermosa amada, la locuela monstruosa de ojos verdes.»

De pronto, sentí una violenta puñada en la espalda y oí una voz ronca y encantadora, una voz histérica y como enronquecida por el aguardiente, la voz de mi chiquilla amada, que decía «¿Cuándo acabas de comerte la sopa, o... mercader de nubes?»

EL TIRO Y EL CEMENTERIO

«*A la vista del cementerio, Bebidas.*» ¡Muestra singular -díjose nuestro paseante-, pero buena para excitar la sed! De fijo que el dueño de esta taberna sabe apreciar a Horacio y a los poetas discípulos de Epicuro Quizá hasta conoce el profundo refinamiento de los antiguos egipcios, para quien no había buen festín sin esqueleto o sin un emblema cualquiera de la brevedad de la vida.»

Y entró, se bebió un vaso de cerveza frente a las sepulturas y se fumó lentamente un cigarro. Luego tuvo la ocurrencia de bajar a aquel cementerio de hierba tan alta, tan invitadora, y en que reinaba un sol tan rico.

En efecto, la luz y el calor eran rabiosos y hubiérase dicho que el sol, ebrio, se revolcaba cuan largo era sobre una alfombra de flores magníficas, alimentadas por la destrucción. Un inmenso rumor de vida llenaba el aire -la vida de los infinitamente pequeños-, cortado a intervalos regulares por el crepitar de los disparos de un tiro próximo, que estallaban como la explosión de los tapones del champaña en el zumbido de una sinfonía con sordina.

Entonces, bajo el sol que le calentaba los sesos y en la atmósfera de los ardientes perfumes de la muerte, oyó que una voz cuchicheaba en la tumba donde se había sentado, y la voz decía: «¡Malditos vuestros blancos y vuestras escopetas, turbulentos vivos, que tan poco os cuidáis de los difuntos y de su divino reposo! ¡Malditas vuestras ambiciones, malditos vuestros cálculos, impacientes mortales, que venís a estudiar el arte de matar junto al santuario de la Muerte! ¡Si supierais cuán fácil de ganar es el premio, cuán fácil de tocar es la meta, y cómo todo es nada, menos la Muerte, no os fatigaríais tanto, laboriosos vivos, y menos a menudo vendríais a turbar el sueño de los que tanto tiempo ha dieron en el blanco, en el único blanco verdadero de la detestable vida!»

46

EXTRAVÍO DE AUREOLA

—Pero, ¿cómo? ¿Vos por aquí, querido? ¡Vos en un lugar de perdición! ¡Vos, el bebedor de quintas esencias! ¡Vos, el comedor de ambrosía! En verdad, tengo de qué sorprenderme.

Querido, ya conocéis mi terror de caballos y de coches. Hace un momento, mientras cruzaba el bulevar, a toda prisa, dando zancadas por el barro, a través de ese caos movedizo en que la muerte llega a galope por todas partes a la vez, la aureola, en un movimiento brusco, se me escurrió de la cabeza al fango del macadán. No he tenido valor para recogerla. He creído menos desagradable perder mis insignias que romperme los huesos. Y además, me he dicho, no hay mal que por bien no venga. Ahora puedo pasearme de incógnito, llevar a cabo acciones bajas y entregarme a la crápula como los simples mortales. ¡Y aquí me tenéis, semejante a vos en todo, como me estáis viendo!

—Por lo menos deberíais poner un anuncio de la aureola, o reclamarla en la comisaría.

—No, a fe mía. Me encuentro bien aquí. Vos sólo me habéis reconocido. Por otra parte, la dignidad me aburre.

Luego, estoy pensando con alegría que algún mal poeta la recogerá y se la pondrá en la cabeza impúdicamente. ¡Qué gozo hacer a un hombre feliz! ¡Y, sobre todo, feliz al que me dé risa! ¡Pensad en X o en Z! ¡Vaya! ¡Sí que va a ser gracioso!

LA SEÑORITA BISTURÍ

Cuando llegaba yo al extremo del arrabal, a los destellos del gas sentí que un brazo se escurría suavemente por debajo del mío, y oí una voz que al oído me decía:

-Es usted médico, ¿verdad?

Miré; era una chica alta, robusta, de ojos muy abiertos, con ligero afeite; sus cabellos flotaban al viento, como las cintas de su gorra.

-No, no soy médico. Déjeme pasar.

-Sí. Usted es médico. Se lo conozco. Venga a mi casa. Quedará contento de mí. ¡Ande!

-Sí, sí; ya iré a verla, pero más tarde, *después del médico.* ¡Qué diablo!...

-¡Ah, ah! -lanzó, sin soltar mi brazo, con una carcajada-. Es usted un médico bromista; he conocido varios por el estilo. Venga.

Me gusta con pasión el misterio, porque siempre tuve la esperanza de aclararlo. Así, pues, me dejé arrastrar por la compañera, o más bien, por aquel enigma inesperado.

Omito la descripción del tugurio; la podrían encontrar en varios conocidísimos poetas franceses. Sólo -detalle que no advirtió Regnier- dos o tres retratos de doctores célebres estaban colgados de la pared.

¡Qué mimos recibí! Buen fuego, vino caliente, cigarros; y al ofrecerme aquellas cosas tan buenas, mientras ella encendía también un cigarro, la chistosa criatura me decía:

-Figúrese usted que está en su casa, amigo mío; póngase cómodo. Así recordará el hospital y los buenos tiempos de la juventud. ¡Anda! ¿De dónde ha sacado estas canas? No estaba usted así, no hará mucho todavía, cuando era interno de L... Recuerdo que en las operaciones graves usted me asistía. ¡Aquél era un hombre amigo de cortar, de sajar y raspar! Usted le iba dando los instrumentos, las hilas y las esponjas. ¡Y con qué orgullo decía, una vez hecha la operación, mirando el reloj de bolsillo: «¡Cinco minutos, señores!» ¡Oh! Yo voy por todas partes. Ya conozco yo a todos esos caballeros.

Algunos instantes después, tuteándome, volvía a su estribillo y me decía:

-Eres médico. ¿Verdad, gatito mío?

Aquella muletilla ininteligible me hizo ponerme en pie de un brinco.

-¡No! -grité furioso.

-Pues serás cirujano...

-¡No, no! Como no sea para cortarte la cabeza...

-Espera -continuó-. Vas a ver.

Y de un armario sacó un legajo de papeles, que no era sino una colección de retratos de los médicos ilustres de entonces, litografiados por Maurin, que muchos años he visto expuesta en el Quai Voltaire.

-Mira. ¿Reconoces a éste?

-Sí; es X. Además, tiene el nombre debajo; pero lo conozco personalmente.

-¡Ya decía yo! Mira. Aquí está Z, el que decía en clase, hablando de X: «Ese monstruo, que lleva en la cara lo negro de su alma.» ¡Y todo porque no era de su opinión en cierto asunto! ¡Qué risa levantaba todo esto en la escuela por aquel entonces! ¿Te acuerdas? Mira: éste es K, el que denunciaba al Gobierno a los insurrectos que curaba en el hospital. Eran tiempos de motines. ¿Cómo podrá tener tan poco corazón un hombre tan guapo? Aquí tienes ahora a W, un médico inglés famoso; lo pesqué cuando vino a París. Parece una señorita, ¿verdad?

Y, corno yo tocase un paquete atado con un bramante que había sobre el velador:

-Espera un poco -dijo-, éstos son los internos, y los del paquete, los externos.

Desplegó en forma de abanico un montón de fotografías que representaban caras más jóvenes.

-Cuando nos volvamos a ver, me darás tu retrato, ¿verdad, querido?

-Pero -le dije, siguiendo yo a mi vez con mi idea fija-, ¿por qué crees que soy médico?

-¡Eres tan simpático y tan bueno con las mujeres!

-¡Lógica singular! -dije para mis adentros.

-¡Oh, no suelo engañarme! He conocido muchísimos. Tanto me gustan esos caballeros que, aun sin estar enferma, voy a verlos muchas veces nada más que por verlos. Hay quien me dice fríamente: «¡Usted no tiene enfermedad ninguna!» Pero otros hay que me comprenden, porque les hago gestos.

-¿Y cuando no te comprenden?...

-¡Hombre! Como les he molestado *inútilmente*, es dejo diez francos encima de la chimenea. ¡Son tan buenos y tan cariñosos esos hombres! He descubierto en la Pitié un chico interno, bonito como un ángel, y ¡tan bien educado! ¡Lo que trabaja el pobre chico! Sus compañeros me han dicho que no tiene un cuarto, porque sus padres son pobres y no pueden enviarle nada. Eso me ha dado confianza. Después de todo, bastante guapa ya soy, aunque no demasiado joven. Le he dicho: «Ven a verme, ven a verme a menudo. Y por mí no te apures; yo no necesito dinero.» Pero ya comprenderás que se lo he dado a entender con muchos miramientos; no se lo dije así, en crudo; ¡tenía tanto miedo de humillarle al pobrecillo! Pues bueno, ¿creerás que tengo un capricho tonto y que no me atrevo a decírselo? ¡Quisiera que viniese a verme con el estuche y el delantal, hasta un poco manchado de sangre!...

Lo dijo en tono muy cándido, como un hombre sensible diría a una cómica de la que estuviese enamorado: «Quiero verla vestida con el traje que saca en ese famoso papel que ha creado.»

Siguiendo en mi obstinación, continué:

-¿Puedes acordarte de la época y de la ocasión en que ha nacido en ti esa pasión tan especial?

Difícilmente conseguí que me entendiera, pero lo logré al cabo. Solo que entonces me contestó con aire tristísimo, y, si no recuerdo mal, hasta apartando de mí los ojos:

-No sé..., no me acuerdo...

¿Qué rarezas no encuentra uno en una gran ciudad, cuando sabe andar por ella y mirar? En la vida, los monstruos inocentes pululan. ¡Señor, Dios mío! ¡Vos, el Creador; Vos, el Maestro; Vos, que hicisteis la ley y la libertad; Vos, el Soberano que deja hacer; Vos, el Juez que perdona; Vos, que estáis lleno de motivos y de causas, y que habéis puesto acaso en mi espíritu el gusto por el horror para convertir mi corazón, como la salud en la punta de una cuchilla; Señor, apiadaos, apiadaos de los locos y de las locas! ¡Oh, Creador! ¿Pueden existir monstruos ante los ojos de Aquel que sólo sabe por qué existen, cómo *se han hecho* y cómo hubieran podido no hacerse?

48

ANY WHERE OUT OF THE WORLD

(En cualquier parte, fuera del mundo)

Hospital es la vida en que cada enfermo está poseído del deseo de cambiar de cama. Este querría padecer junto a la estufa y aquél cree que se curaría frente a la ventana.

A mí me parece que estaría bien allí donde no estoy, y esa idea de mudanza es una de las que discuto sin cesar con mi alma.

«Dime, alma mía, pobre alma enfriada, ¿qué te parecería vivir en Lisboa? Allí hará calor, y te estirarás como un lagarto. La ciudad está a la orilla del agua; dicen que está edificada en mármol, y que tanto odia el pueblo a lo vegetal, que arranca todos los árboles. Ese es un paisaje para tu gusto, un paisaje hecho con luz y con mineral, y lo líquido para reflejarlo.»

Mi alma no contesta.

«Puesto que tanto te gusta el reposo, con el espectáculo del movimiento, ¿quieres venirte a Holanda, tierra beatífica? Tal vez te divirtieras en ese país cuya imagen has admirado tantas veces en los museos. ¿Qué te parecería Rotterdam, a ti que gustas de los bosques de mástiles y de los navíos amarrados al pie de las casas?...»

Mi alma sigue muda.

«¿Te sonreiría tal vez Batavia? Encontraríamos en ella, desde luego, el espíritu de Europa enlazado con la belleza tropical.»

Ni una palabra. ¿Se me habrá muerto el alma?

«¿Conque a tal punto de embotamiento has llegado que sólo en tu mal te recreas? Si así es, huyamos hacia los países que son analogía de la muerte. ¡Ya tengo lo que nos conviene, pobre alma! Haremos los baúles para Borneo. Vámonos aún más allá, al último extremo del Báltico; más lejos aun de la vida, si es posible; instalémonos en el Polo. Allí el sol no roza más que oblicuamente la tierra, y las lentas alternativas de la luz y la obscuridad suprimen la variación y aumentan la monotonía, que es la mitad de la nada. Allí podremos tomar largos baños de tinieblas, en tanto que, para divertirnos, las auroras boreales nos envíen de tiempo en tiempo sus haces sonrosados, como reflejos de un fuego artificial del infierno.»

Al cabo, mi alma hace explosión, y sabiamente me grita: «¡A cualquier parte! ¡A cualquier parte! ¡Con tal que sea fuera de este mundo!»

49
¡MATEMOS A LOS POBRES!

Durante quince días me recluí en la habitación, rodeado de los libros de moda entonces -hará diez y seis o diez y siete años-; quiero decir de los libros en que se trata del arte de hacer a los pueblos dichosos, buenos y ricos en veinticuatro horas. Había, pues, digerido -es decir, tragado- todas las elucubraciones de esos contratistas de la felicidad pública de los que aconsejan a todos los pobres que se hagan esclavos y de los que llegan a persuadirles de que todos son reyes destronados-. No habrá de causar sorpresa que estuviese yo entonces en una disposición de espíritu cercana del vértigo o de la estupidez.

Únicamente me había parecido que sentía, confinado en el fondo de mi intelecto, el germen obscuro de una idea superior a todas las fórmulas de buena mujer, cuyo diccionario había recorrido yo no hacía mucho. Pero no era más que la idea de una idea, algo infinitamente vago.

Y salí con una gran sed. Porque el gusto apasionado de las malas lecturas engendra una necesidad en proporción de aire libre y de refrescos.

A punto de entrar en la taberna, un mendigo me alargó el sombrero, con una de esas miradas inolvidables que derribarían tronos si el espíritu moviese la materia y si los ojos de un magnetizador hiciesen madurar las uvas.

Al mismo tiempo oí una voz que me cuchicheaba al oído, una voz que reconocí perfectamente: era la de un Ángel bueno o la de un Demonio bueno, que a todas partes me acompaña. Puesto que Sócrates tenía su Demonio bueno, ¿por qué no había yo de tener mi Ángel bueno, y por qué no tendría, como Sócrates, el honor de alcanzar mi certificado de locura, firmado por el sutil Lélut y por el avispado Baillarger?

Esta diferencia existe entre el Demonio de Sócrates y el mío; que el de Sócrates no se le manifestaba sino para defender, avisar o impedir, y el mío se digna aconsejar, sugerir, persuadir. El pobre Sócrates no tenía más que un Demonio prohibitivo; el mío es gran afirmador, el mío es Demonio de acción, Demonio de combate.

Su voz, pues, me cuchicheaba esto: «Sólo es igual a otro quien lo demuestra, y sólo es digno de libertad quien sabe conquistarla.»

Inmediatamente me arrojé sobre mi mendigo. De un solo puñetazo le hinché un ojo, que en un segundo se volvió del tamaño de una pelota. Me partí una uña al romperle dos dientes, y como no me sentía con fuerza bastante, porque soy delicado de nacimiento y me he ejercitado poco en el boxeo, para matar al viejo con rapidez, le cogí con una mano por la solapa del vestido, le agarré del pescuezo con la otra y empecé a sacudirle vigorosamente la cabeza contra la pared. He de confesar que antes había inspeccionado los alrededores en una ojeada, para comprobar que en aquel arrabal desierto me encontraba, por tiempo bastante largo, fuera del alcance de todo agente de policía.

Como en seguida, de un puntapié en la espalda, bastante enérgico para romperle los omoplatos, acogotara al débil sexagenario, me apoderé de una gruesa rama que estaba caída y le golpeé con la energía obstinada de los cocineros que quieren ablandar un biftec.

De repente -¡Oh milagro!, ¡oh goce del filósofo que comprueba lo excelente de su teoría!- vi que la vieja armazón de huesos se volvía, se levantaba con energía, que nunca hubiera sospechado yo en máquina tan descompuesta, y con una mirada de odio que me pareció de *buen agüero*, el decrépito malandrín se me echó encima, me hinchó ambos ojos, me rompió cuatro dientes, y con la misma rama me sacudió leña en abundancia. Con mi enérgica medicación le había devuelto el orgullo y la vida.

Hícele señas entonces, para darle a entender que yo daba por terminada la discusión, y, levantándome tan satisfecho como un sofista del Pórtico, le dije: «¡Señor mío, *es usted igual a mí*! Concédame el honor de compartir conmigo mi bolsa; y acuérdese, si es filántropo de veras, que a todos sus colegas, cuando la pidan limosna, hay que aplicarles la teoría que he tenido el *dolor* de ensayar en sus espaldas.»

Me juró que se daba cuenta de mi teoría y que sería obediente a mis consejos.

LOS PERROS BUENOS

A M. Joseph Stevens.

*N*unca me avergoncé, ni aun delante de los escritores jóvenes de mi siglo, de admirar a Buffon; mas hoy no he de llamar en mi ayuda al alma de ese pintor de la Naturaleza pomposa. No.

De más buena gana me dirigiría a Sterne, para decirle: «¡Baja del Cielo, o sube hasta mí de los Campos Elíseos, para inspirarme en favor de los perros buenos, de los pobres perros, un canto digno de ti, sentimental, bromista, bromista incomparable! Vuelve a horcajadas en el asno famoso que te acompaña siempre en la memoria de la posteridad; y, sobre todo, que no se lo olvide al asno traer, delicadamente suspenso entre sus labios, el inmortal macarrón!»

¡Atrás la musa académica! Nada quiero con semejante vieja gazmoña. Invoco a la musa familiar, a la ciudadana, a la viva, para que me ayude a cantar a los perros buenos, a los pobres perros, a los perros sucios, a los que todos echan, como a pestíferos y piojosos, excepto el pobre con quien se han asociado y el poeta que los mira con ojos fraternos.

¡Malhaya el perro hermosote, el gordo cuadrúpedo,

danés, king-charles, dogo o faldero, tan encantado consigo mismo, que se lanza indiscretamente a las piernas o a las rodillas del visitante, como si estuviera seguro de agradar, turbulento como un niño, necio como una loreta, a veces arisco e insolente como un criado! ¡Malhayan sobre todo esas serpientes de cuatro patas, temblorosas y desocupadas, que se llaman galgos, y que ni siquiera dan albergue en su hocico puntiagudo al suficiente olfato para seguirle la pista a un amigo, ni en la cabeza plana la inteligencia bastante para jugar al dominó!

¡A la perrera todos esos aburridos parásitos!

¡Vuélvanse a la perrera sedosa y mullida! Yo canto al perro sucio, al perro pobre, al perro sin domicilio, al perro corretón, al perro saltimbanqui, al perro cuyo instinto, como el del pobre, el del gitano y el del histrión, está maravillosamente aguijado por la necesidad, madre tan buena, verdadera patrona de las inteligencias!

Canto a los perros calamitosos, ya sean de los que van errantes, solitarios, por los barrancos sinuosos de las inmensas ciudades, ya de los que dijeron al hombre abandonado con ojos pestañeantes e ingeniosos: «Llévame contigo, y con nuestras dos miserias haremos acaso una especie de felicidad.»

«*¿Adónde van los perros?* -decía, años ha, Néstor Roqueplán en un folletón inmortal que ha olvidado sin duda, y del cual puede ser que sólo Sainte-Beuve y yo nos acordemos hoy todavía.»

¿Adónde van los perros, preguntáis, hombres sin atención? Van a sus quehaceres.

Citas de negocios, citas de amor. A través de la bruma, a través de la nieve, a través del barro, bajo la canícula que muerde, bajo la lluvia que chorrea, van, vienen, trotan, pasan por debajo de los coches, excitados por las pulgas, la pasión, la necesidad o el deber. Como nosotros, se levantaron de mañanita y se buscan la vida o corren a sus quehaceres.

Los hay que duermen en una ruina de suburbio, y vienen, un día y otro, a hora fija, a reclamar la espórtula a la entrada de una cocina del Palais Royal; otros que acuden en tropel, desde más de cinco leguas, para compartir la comida que les preparó la caridad de ciertas doncellas sexagenarias, que entregan a los animales el corazón desocupado, porque los hombres ya no lo quieren.

Otros que, como negros cimarrones, enloquecidos de amor, dejan en ciertos días su vivienda para venir a la ciudad a corretear durante una hora en derredor de una perra guapa, algo negligente de su tocado, pero altanera y agradecida.

Y todos son puntualísimos, sin cuadernos, notas ni carteras.

¿Conocéis; Bélgica, la perezosa, y habéis admirado, como yo, a esos perros vigorosos enganchados a la carretilla de los carniceros, de la lechera, del panadero, y que demuestran con sus ladridos triunfantes el placer orgulloso que sienten al rivalizar con los caballos?

¡Mirad ahora a dos que pertenecen a un orden más civilizado todavía! Permitidme que os introduzca en el cuarto del saltimbanqui ausente. Una cama, de madera pintada, sin cortinas; unas mantas que arrastran, mancilladas por las chinches; dos sillas de paja, una estufa de hierro, uno o dos instrumentos de música, descompuestos. ¡Qué triste mobiliario! Pero mirad, os lo ruego, aquellos dos personajes inteligentes, vestidos con trajes a la vez raídos y suntuosos, con gorros de trovador o de militar, que vigilan con atención de brujos la *obra sin nombre* puesta a cocer en la estufa encendida, con una larga cuchara en medio, que se yergue, plantada como uno de esos mástiles anuncio de edificio terminado.

¿No será justo que comediantes tan celosos no se pongan en camino sin echarse al estómago el lastre de una sopa fuerte y sólida? ¿Y no perdonaréis un poco de sensualidad a esos pobretes, que han de afrontar todo el día la indiferencia del público y las injusticias de un director, que se toma la parte más abultada y se come él solo más sopa que cuatro comediantes?

¡Cuántas veces contemplé, sonriente y enternecido, a todos esos filósofos de cuatro patas, esclavos complacientes, sumisos o abnegados, que e l diccionario de la República podría calificar igualmente de oficiosos, si la República, harto ocupada de la felicidad de los hombres, tuviese tiempo para respetar el honor de los perros!

¡Y cuántas veces he pensado que habrá tal vez en alguna parte -¡quién sabe, después de todo!-, para recompensar tantos ánimos, tanta paciencia y labor, un paraíso especial para los perros buenos, para los pobres perros, para los perros sucios y desolados! ¡Swedenborg afirma que hay uno para los turcos y otro para los holandeses!

Los pastores de Virgilio y de Teócrito esperaban, en premio de sus cantos alternativos, un buen queso, una flauta del mejor artífice o una cabra de tetas hinchadas. El poeta que ha cantado a los pobres perros tuvo por recompensa un hermoso chaleco, todo de un color, rico y marchito a la vez, que hace pensar en los soles de otoño, en la belleza de las mujeres maduras y en los veranillos de San Martín.

Ninguno de los presentes en la taberna de la calle de Villa-Hermosa olvidará la petulancia con que el pintor se despojó del chaleco en favor del poeta; también comprendió que era bueno y honrado cantar a los pobres perros.

Tal un magnífico tirano italiano, del buen siglo, ofrecía al divino Aretino ya una daga con ornato de pedrería, ya un manto de corte, a cambio de un precioso soneto o de un curioso poema satírico.

Y cuantas veces el poeta se pone el chaleco del pintor, se ve obligado a pensar en los perros buenos, en los perros filósofos, en los veranillos de San Martín y en la belleza de las mujeres muy maduras.

EPÍLOGO

A la montaña he subido, satisfecho el corazón.
En su amplitud, desde allí, puede verse la ciudad:
un purgatorio, un infierno, burdel, hospital, prisión.

Florece como una flor allí toda enormidad.
Tú ya sabes, ¡oh Satán, patrón de mi alma afligida,
que yo no subí a verter lágrimas de vanidad.

Como el viejo libertino busca a la vieja querida,
busqué a la enorme ramera que me embriaga como un vino,
que con su encanto infernal rejuvenece mi vida.

Ya entre las sábanas duermas de tu lecho matutino,
de pesadez, de catarro, de sombra, o ya te engalanes
con los velos de la tarde recamados de oro fino,

te amo, capital infame. Vosotras, ¡oh cortesanas!,
y vosotros, ¡oh bandidos!, brindáis a veces placeres
que nunca comprende el necio vulgo de gentes profanas.